エミン・ユルマズ
永濱利廣

「エブリシング・バブル」リスクの深層

日本経済復活のシナリオ

講談社＋α《プラスアルファ》新書

まえがき

エミン・ユルマズ

この一五年間、マーケットで起きた最も大きな出来事は、「メインストリートがウォールストリートに乗っ取られたこと」です。

「メインストリート」とは街角景気のこと。「ウォールストリート」はもちろんウォール街、株式市場のことです。

株式市場は本来、経済活動の「派生」であり、実体経済の動きに沿って上下するものです。株式市場の最大の特徴は価格発見機能があること。良い企業が高く評価され、悪い企業が安く評価されることで、正しい資本分散ができるようになり、経済全体の無駄がなくなります。

マーケットは実体経済に先行して動く性質を持っているとされるので、景気の先行きについても教えてくれるわけです。

しかし、リーマン・ショック以降はこれらの特徴はほぼすべて失われてしまいました。

株式市場はもはや実体経済を表すものではなく、主要国の中央銀行が提供する「流動性」のバロメーターになり下がりました。つまり、経済ありきの相場から、相場ありきの経済に移ってしまったと言っても過言ではありません。

この相場体制もそろそろ終わりに近づいていると思います。

数年前まで、主要国の中央銀行がジャブジャブにお金を刷っていてもインフレにはなりませんでした。これ自体が不思議な現象で、インフレにはならないから無限にお金を刷り続けられるのではないかと主張する専門家まで現れました。

しかし、パンデミックはすべてを変えました。サプライチェーンの乱れからさまざまなものが供給不足になり、まだまだ働ける五〇代、六〇代の方が大量に退職したことから労働力不足も発生しました。パンデミックの時に実施された前代未聞の財政出動も手助けして世界的にインフレが暴走し始めました。

いままで中国は自国の過剰生産能力を海外に輸出することで、国内でデフレ、輸出先でインフレが起きるのを阻止していました。ある意味中国が世界にデフレを輸出していたので、壮絶な金融緩和でもインフレにならなかった、と言えるかもしれません。

しかし、米中新冷戦がその構図を変えました。もはや欧米を中心とする自由主義陣営は、中国の安い製品を欲しがりません。ドナルド・トランプ前大統領は、次の大統領選挙で当選した場合、中国の製品に大幅な追加関税を導入すると宣言しています。

これはトランプ氏だけの政策ではありません。直近ではバイデン政権も中国製の電気自動車（ＥＶ）やバッテリーに大幅な追加関税を導入したばかり。つまり、政権が共和党だろうが民主党だろうが、米国にとって中国はもはや敵国というスタンスは同じ。今後、いままでのように自由に中国製品を輸入することは不可能になるのです。ＥＵも似たようなスタンスに移行しつつあります。

中国の最後の希望は新興国への輸出を増やすことですが、最近は新興国も自国の産業を守るために対中関税の引き上げに動いています。二〇二四年に入ってからブラジルは中国の鉄鋼製品に、トルコは中国からの輸入自動車に、それぞれ追加関税を導入しました。

これらの出来事によって、今後中国はバブル崩壊後の日本のように長期のデフレに陥るでしょう。

さらに、中国がデフレを輸出できなくなった以上、主要国は長期のインフレと付き合うしかないのです。

日本でも今後インフレが定着します。インフレの脅威が金融緩和の時代を終わらせるでしょうが、それは金利のある世界の到来を意味しています。金利のある世界が戻れば、相場の価格発見機能も復活するでしょう。

対談相手の永濱さんとはテレビ番組の出演をきっかけに知り合い、日本や世界が抱える問題について大いに意気投合しました。お互い課題へのアプローチや手法は違っていますが、同じような結論を導きだしていたことに最初は驚きを感じました。

今回、日本を代表する著名エコノミストの一人である永濱さんと共著者になれて光栄に存じます。この本を通じて二人のアプローチやとらえ方の違いを感じていただくとともに、みなさまの資産運用の参考になることを心から期待しております。

二〇二四年九月　東京にて

第一章 日銀マネーがバブルを延命させてきた

第二章　「世界インフレ」と日銀

第三章 「インフレで借金帳消し」が政府の目的

第四章　「トランプ再選」と「第三次世界大戦」

第五章 「投資している人」は勝ち組

※本書の記述内容は情報提供を目的としたものであり、投資を推奨するものではありません。投資判断は自己責任で行ってください。
※本書に記載した情報は、原則として対談収録時（二〇二四年五月）時点のものです。可能な限りアップデートしておりますが、必ずしも最新情報でない場合があります。

第一章　日銀マネーがバブルを延命させてきた

「エブリシング・バブル崩壊」が始まっている

エミン・ユルマズ（以下、エミン）　日銀が利上げすると、世界のマーケットは暴落するかもしれない。私は最近その可能性を危惧しています（編集部註：日本銀行は二〇二四年七月の政策決定会合で政策金利の〇・二五パーセント引き上げを決定）。

私は『エブリシング・バブルの崩壊』（集英社）という本を出しているのですが、「世界経済は『エブリシング・バブル』だ」と以前から警告してきました。

近年、各国の中央銀行が金利をゼロ近辺に設定したことで、企業の借り入れコストが低下し、企業活動が活発化しました。それとともにマネーの一部が株や不動産の購入に回り、世界中で資産バブルが発生しています。

日銀やアメリカFRB（連邦準備制度理事会）などは「量的緩和政策」も実施していました。中央銀行が金融機関から国債を購入した結果、中央銀行のバランスシートが激増しています。中央銀行のバランスシートとは、供給されているマネーの量そのもの。つまり世界の中央銀行はこれまで無制限に札束を刷り、市場にバラまいていたのです。その結果、株や金、不動産といったリスク資産はかつてないほど値上がりしました。

しかしながら、こうした異常な金融政策が長続きするわけがありません。私はずっと「エブリシング・バブルはいずれ崩壊する」と言ってきましたが、足元の世界経済の動きは、まさにそれが現実になってきたと示しています。

中国の不動産バブルはすでに崩壊しています。恒大集団や碧桂園といった大手不動産デベロッパーは債務超過に陥り、会社清算の危機に瀕している。中国株も低迷していて、香港ハンセン指数は二〇一八年の最高値以降は下落が続き、二〇二三年には高値から約半分にまで暴落しました。

バブル崩壊は何も中国に限った話ではありません。アメリカでもさまざまなバブルが発生しては、すでに崩壊しています。そのうちの一つが「暗号通貨バブル」。ビットコインやイーサリアムといった主要な暗号通貨はまだしも、その他のマイナーなコインは暴落しており、中には完全に価値を失ったものもあります。こうしたコインに投資していたら、資産がゼロになってしまった、ということです。

その上、二〇二四年に入って「ＥＶバブル」の崩壊も伝えられました。これまで右肩上がりで成長していたＥＶ（電気自動車）市場ですが、価格が高いわりに、航続距離が短いなど、顧客満足度が低いため、成長に急ブレーキがかかりました。代表的なＥＶメーカーであるテスラの株価も最高値から大きく下げています。

「日銀の利上げ」と景気後退

エミン　アメリカFRBが二〇二二年に利上げを始めると、ハイテク企業が集まるナスダック指数の値は約三分の二まで下落しました。

そのまま米経済はリセッション（景気後退）入りかと思われたのですが、予想外の強さを見せて株価が回復、さらに最高値を更新しています。

なぜ予想が外れたのか。一つの要因として、日銀の金融緩和の影響を疑っています。各国が金融引き締めに動いても、日銀はまだ金融緩和を続け、世界のマーケットにマネーを供給し続けています。米国株が暴落していないのはそのおかげではないでしょうか。

しかし、その日銀もいよいよ利上げを模索しはじめています。となると、近いうちに世界のマーケットから「ジャパンマネー」が引き揚げられる。

これがきっかけになり、景気後退がやってくるかもしれない。私はそれを懸念しています。

永濱利廣（以下、永濱）　たしかにそうですね。日銀の政策変更が及ぼす影響は意外と大きいかもしれません。

エミン　実際、過去の金融危機を振り返ると、だいたい日銀が「最後の引き金」を引いているのです。世界の中央銀行が利上げする中、日銀はいつも最後まで金融緩和を続け、相場の天井がきてから一番最後に利上げする。するとその直後に金融危機が起きるわけです。二〇〇八年のリーマン・ショックもそうでした。

永濱　二〇〇〇年のＩＴバブル崩壊の時も同じ流れでしたね。

エミン　ええ。流動性、マネーを最後まで供給し続ける日本・日銀は、世界の投機筋にとって「ラストリゾート」、最後に残された楽園というわけです。その日本がいよいよ金利を引き上げ、流動性の「蛇口」を締めはじめると、今度こそ世界のバブルは崩壊するでしょう。

永濱　経済規模で言うとアメリカは日本の六倍以上ですが、マネーの供給量だけを見れば、日銀はＦＲＢよりも大きいですからね。

エミン　そうなんですよ。

永濱　そのすべてとは言わないまでも、一部は米国債などの購入に回っているでしょうし。

エミン　ええ。

「ジャパンマネー」が米国債を買い支えている

永濱　リーマン・ショックの前、当時のFRB議長のアラン・グリーンスパン氏が、利上げしているのに長期金利が上がらないことを「コナンドラム（謎）」と表現して話題になりました。結論から言うと、中国が米国債を大量に購入していたのがその理由でした。当時は結局、利上げでバブルに歯止めをかけられず、リーマン・ショックが起きてしまいました。

エミン　リーマン・ショック時と違い、いま米国債を買い支えているのはジャパンマネーです。日本が米国債を買っていなければ、アメリカの国債市場は崩壊していてもおかしくない。これまで最大の買い手だった中国がもはや米国債を買っていないからです。米中対立の影響で、中国は米国債保有額をピークの半分程度に減らしていますから。

しかもFRBは量的緩和（QE）を終了し、逆に量的引き締め（QT）をやっています。FRBもう米国債を買っていない。

さすがにアメリカの景気見通しが怪しくなってきたので、FRBはQTのペースを縮小しましたが、QT自体は続けています。結果、米国債の大きい買い手は日本しかいなくなっている。

その一方、米国債の発行は増えています。バイデン政権は就任以来ずっとバラマキ的な政策を続けており、アメリカの財政収支は急速に悪化している。買い手が減っているのに、国債発行は増えるので、国債が思うように売れない。金利を高くしないと買い手がいないわけです。

でもアメリカの金利が上がると、政府の利払い費が増加し、財政を圧迫します。そうなると米政府としては困る。長期金利が五パーセント超えといった状況は絶対に避けたい。だからFRBはすでにQTのテーパリング（縮小）を決めています。量的引き締めをやると財政が悪化するから、一旦引き締めを緩和するということ。要するに、コッソリ金融緩和をやっているに等しいわけです。米財務省は国債の買い戻しプランさえ発表していますから。

永濱　買い戻し？

エミン　そう。買い戻し。政府が発行した国債を、政府が買い戻しているのです。そんなことをしても根本的にはあまり意味はなさそうですが、短期的には米国債の需給が改善し、金利上昇が抑えられるかもしれません。

そんな「奇策」に頼るほど、米政府は金利上昇を恐れているのです。

AIは「バブル」である

永濱　エミンさんはエヌビディアなどのＡＩ株の急騰もエブリシング・バブルの一つ、「ＡＩバブル」だとおっしゃっていますね。

エミン　ええ。エヌビディア株は「理想買い」で買われすぎています。要するに、「これからＡＩがすごいことになりそう」とか、「この会社の製品はもっと売れる」といった期待感をもとに、先回りして買われているのです。

「理想買い」の反対語として「業績買い」という言葉があります。好業績の発表など、確定した材料に基づいて株を買うことです。

かつて「ＩＴバブル」というものがありました。一九九〇年代から二〇〇〇年ごろにかけて、ヤフーやシスコといったインターネット関連銘柄が「理想買い」で急上昇したのです。当時の米ナスダック指数のＰＥＲ（株価収益率）は六〇倍以上。現在の日経平均のＰＥＲが一六倍前後ですから、完全にバブルの状態でした。

もちろんインターネットは世界を変えましたし、マイクロソフトやアマゾンといった企業はいまでも経済を牽引しています。ただ、その株価は上がりすぎていたのです。二〇〇〇年から二〇〇一年にかけてナスダック指数は最高値から約八〇パーセントも暴落しました。その後、バブル崩壊を生き延びた企業の業績は回復。「業績相場」に入り、株価はじりじり上昇することになります。

エヌビディアなどのＡＩ銘柄の株価も、おそらくこういう過程をたどると思います。ＡＩが本当に世界を変えるとしても、その株価が過大評価なら、暴落は避けられない。いまはＡＩと名のつく銘柄なら何でも買われている状況で、ＩＴバブル時の雰囲気に近いと思います。どこかで相場が崩れ、その後業績相場に移行するでしょう。

永濱　大筋では同意できるのですが、私自身はまだ確信を持てないところもあります。ＣｈａｔＧＰＴなどの「生成ＡＩ」が産業革命レベルのインパクトをもたらすと言われています。本当にそのレベルの変化が起きるのなら、ＡＩ株はバブルではない、という主張もあります。

生成ＡＩの使い道が、企業の業務効率化くらいにとどまるなら、そこまでの大変革にはならないでしょう。その場合はいずれバブル崩壊がやってくるかもしれません。

ＡＩバブルの象徴とされるエヌビディアは、台湾系アメリカ人のジェンスン・ファンが創業した企業で、ＡＩ用の半導体の設計に強みを持っています。株価はこの一年間で三倍以上にも値上がりし、時価総額は三兆ドルを超え、一時はあのアップル、マイクロソフトを抜いて世界一位となりました。

エヌビディアの株価は一昨年くらいからずっとバブルだと言われていました。予想PERが二〇〇倍以上にもなっていたからです。

しかし、二〇二三年後半から、エヌビディア製のAI用半導体の売り上げが急増。同社の利益も急上昇した結果、予想PERは二ケタに下がっています。要するに、足元で過大評価であっても、急成長して業績が伸びるに従い、バブルではなくなる可能性もある、ということです。

AIがバブルかどうかは、今後本当に産業革命が起きるかにかかっていると思います。

生成AIはマネタイズできていない

エミン　生成AIについてはいろいろな懸念材料があります。ソニーミュージックはAI関連企業約七〇〇社に書簡を送り、同社のコンテンツをAIの学習に使ってはならないと通告しました。

生成AIは、ネット上のコンテンツや、書籍などを「学習」していると言われています。

音楽や画像のデータも使われているようです。

それらのコンテンツは、いずれもクリエイターが苦労して生み出した作品であり、著作権が設定されています。それを勝手に使ってＡＩを作っておいて、利益はＡＩ企業が独占する、というやり方は非常に問題です。いずれ法的に制限されるかもしれません。

実際、ニューヨークタイムズは、ＣｈａｔＧＰＴを開発したＯｐｅｎＡＩ社を著作権侵害で訴えています。こうした訴訟が続くと、生成ＡＩの会社は、データにお金を払うことになる。そうしたコストが増えると、ＡＩは期待されているほどには儲からないかもしれません。結果、著作権料を払える企業だけが生き残り、その他は淘汰されるでしょう。

もう一つ、マネタイズの問題も懸念しています。要するに、ＡＩでお金を稼ぐ方法はまだ確立されていないのです。

現状、ＣｈａｔＧＰＴのサブスク使用料とか、Ｇｏｏｇｌｅ検索などにＡＩを活用し、広告収入を得る、といったビジネスモデルですが、サブスク使用料はあまり高くできませんし、広告収入にも限度があります。まったく儲からないわけではありませんが、ＡＩ株の急上昇を裏付けるほど儲からない可能性があります。

要するに、ｉＰｈｏｎｅが急速に普及した時のような、巨大ビジネスに成長する雰囲気がないのです。

「エヌビディア急成長」にはウラがある

エミン　なのにエヌビディアが業績を伸ばしているのには、実は裏があります。ウォールストリート・ジャーナル紙が五月一七日に報じたのですが、ＣｏｒｅＷｅａｖｅという会社が七五億ドルの資金を調達しています。同社は保有しているエヌビディア製半導体を担保にしたのですが、そもそもＣｏｒｅＷｅａｖｅ社自体が、エヌビディアが出資している会社なのです。

ＣｏｒｅＷｅａｖｅ社は、ＡＩクラウドコンピューティングをビジネスにしているベンチャー企業です。アメリカ・ニュージャージー州を拠点に、エヌビディアのＧＰＵ（画像処理装置）を使ってデータセンターの運営を行っています。

それだけ聞くとまともな企業のようですが、経営者の経歴を見るときな臭い雰囲気が漂うのです。ＣＥＯのマイケル・イントレイター氏は、以前天然ガス投資をやっているヘッジファンドを立ち上げています。

ＣＳＯ（チーフストラテジーオフィサー）のブラニン・マクビー氏も同じくエネルギー関

連のヘッジファンドで働いたあと、両氏は小さなイーサリアムのマイニング企業を立ち上げ、のちにこれをＣｏｒｅＷｅａｖｅに改名しています。両氏ともに、ＡＩとは縁もゆかりもありません。

先述の通り、ＣｏｒｅＷｅａｖｅ社にはエヌビディアも出資しています。要するに、エヌビディアが出資したお金でエヌビディア製半導体を買い、それを担保にさらにお金を借りてエヌビディア製半導体を買っている。これはラウンド・トリッピング、つまり循環取引と呼ばれる手法です。違法ではないですが、このような需要はつくられた需要であり、オーガニックではありません。

エヌビディアの業績はたしかに驚異的ですが、その中身とはこんなものなのです。

これらを総合すると、いま生成ＡＩやＡＩ株について言われていることは、ほぼハイプ、つまり「誇大広告」だと断じていいように思います。

もちろんＡＩがまったくダメという話ではありません。将来、ＡＩが本当に社会を一変する時代が来る可能性はある。ただそうなるまでには、最低でもあと一〇年か一五年くらいはかかるのではないでしょうか。

「AIバブル崩壊」で日本株も暴落する

エミン　現在のナスダック指数のＰＥＲは三〇倍程度で、ＩＴバブル時より低いので、まだバブルではない、という意見も目にします。

ただ、ＰＥＲの水準だけ見ても意味がありません。ある一定のＰＥＲを超えたらバブル、という指標ではないからです。バブルかどうかを判断するには、時価総額など、「規模」についても見る必要があります。

エヌビディアの時価総額は二〇二四年六月には約三兆ドル、日本円で約四五〇兆円以上と、日本の国家予算の約四倍まで膨らみました。一時はマイクロソフトの時価総額を抜き、世界一位となっていますが、さすがに誰が見ても大きすぎます。

日本の国家予算の何倍もの時価総額という時点ですでにおかしいのですが、マイクロソフトよりも時価総額が大きいというのはやりすぎです。エヌビディアがダメな会社とは言いませんが、マイクロソフトやアップルよりも価値のある企業のわけがありません。

マイクロソフトはＰＣ革命を、アップルはスマホ革命を起こしました。普通に生活していてもＷｉｎｄｏｗｓを使っている人は多いし、アップル製品を毎日見かけますし、世界中で

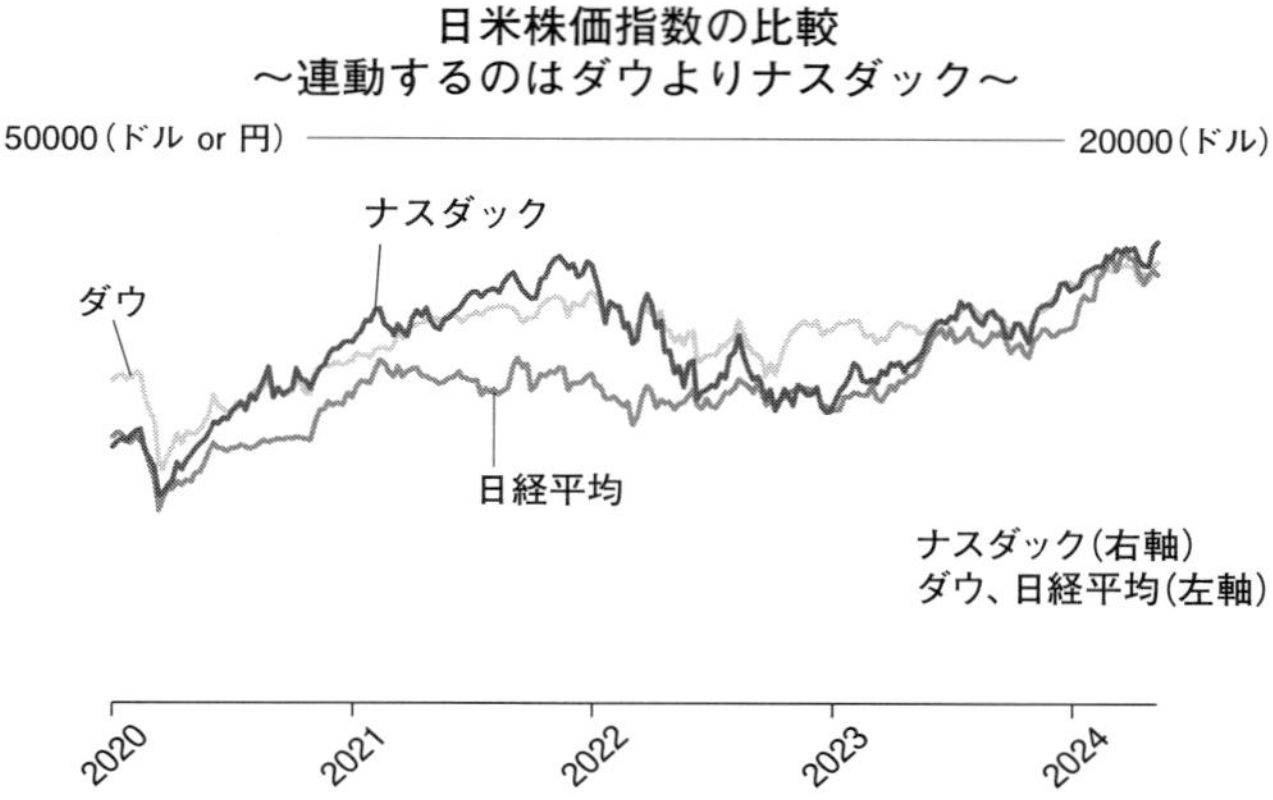

（出所）ダウジョーンズ

この二社の存在感を感じます。しかし、エヌビディアにそこまでの存在感があるでしょうか。

たしかにエヌビディアの利益率は約七六パーセントと極めて高い。現時点でＡＩ用半導体はエヌビディアが独占しているため、高く吹っ掛けられるのです。

ただ、ＡＩ用半導体が儲かるなら、ＡＭＤやインテルといったライバル企業も参入してきます。そうなると価格競争になるので、エヌビディアの利益率も下がります。いずれエヌビディアの成長が鈍化するのは目に見えています。

永濱　エヌビディアの株価はナスダック指数に大きく影響します。もし下落すれば、ナスダック指数全体も下がるでしょう。

このナスダック指数は日経平均株価と強い相関

関係があります。もしAIバブルが崩壊しエヌビディア株が下がれば、ナスダック指数とともに日経平均株価も下がってしまうでしょう。

二〇二五年には「日経平均五万円」

エミン　ちなみに日経平均は二〇二四年三月ごろに一度四万円をつけて最高値を更新したあと、少し下がり、二〇二四年五月時点では三万八〇〇〇円台で推移しています。

米国株に比べてあまり上がっていないようにも見えるのですが、これは日経平均にありがちなパターンです。三万、四万という「大台」に乗せると、利益確定売りが出て、しばらく相場が横ばい状態になる。

こうした動きには、人間の心理が関係しています。

日経平均が二万円に乗ったのは、アベノミクス開始後の二〇一五年。そんなに昔の話ではありませんが、この時はみんな大騒ぎしていました。

日経平均が三万円に乗ったのは二〇二一年。いまから三年ほど前の話ですが、この時も「日本株は割高」と言われていました。特に日本の投資家の間には「いまは買うべきでない」という声が多かったのです。

その後、日経平均は四万円に乗せました。すると、またまた割高感が出て、しばらくもみ合いが続くのです。毎回このパターンで、大台に乗ると、そこが天井になって、しばらく相場は横ばい状態になる。

日本人は「日経平均が四万円は高い、バブルだ」と思っている。なぜかというと、バブル期とほぼ同じ価格になっているからです。でも、いまの日本経済はまったくバブルではありません。要するに、この価格に市場参加者が心理的に慣れるまで、半年から一年ほど時間が必要なのです。

数字に慣れてくると、今度は少しだけ四万円を超えてくる。そこでしばらく推移すると「値固め」され、今度は五万円まであっという間に上昇します。日経平均が三万円を超えてから、四万円になるまで、あっという間だったことを思い出してください。

横ばいが続いたり、調整が入ったとしても、三万円台をキープできれば、早ければ二〇二五年後半、遅くても二〇二六年前半ごろには五万円台に乗せると思います。

株価と景気は別物

永濱　私も、エミンさんよりは若干慎重かもしれませんが、日経平均は上がると思います。

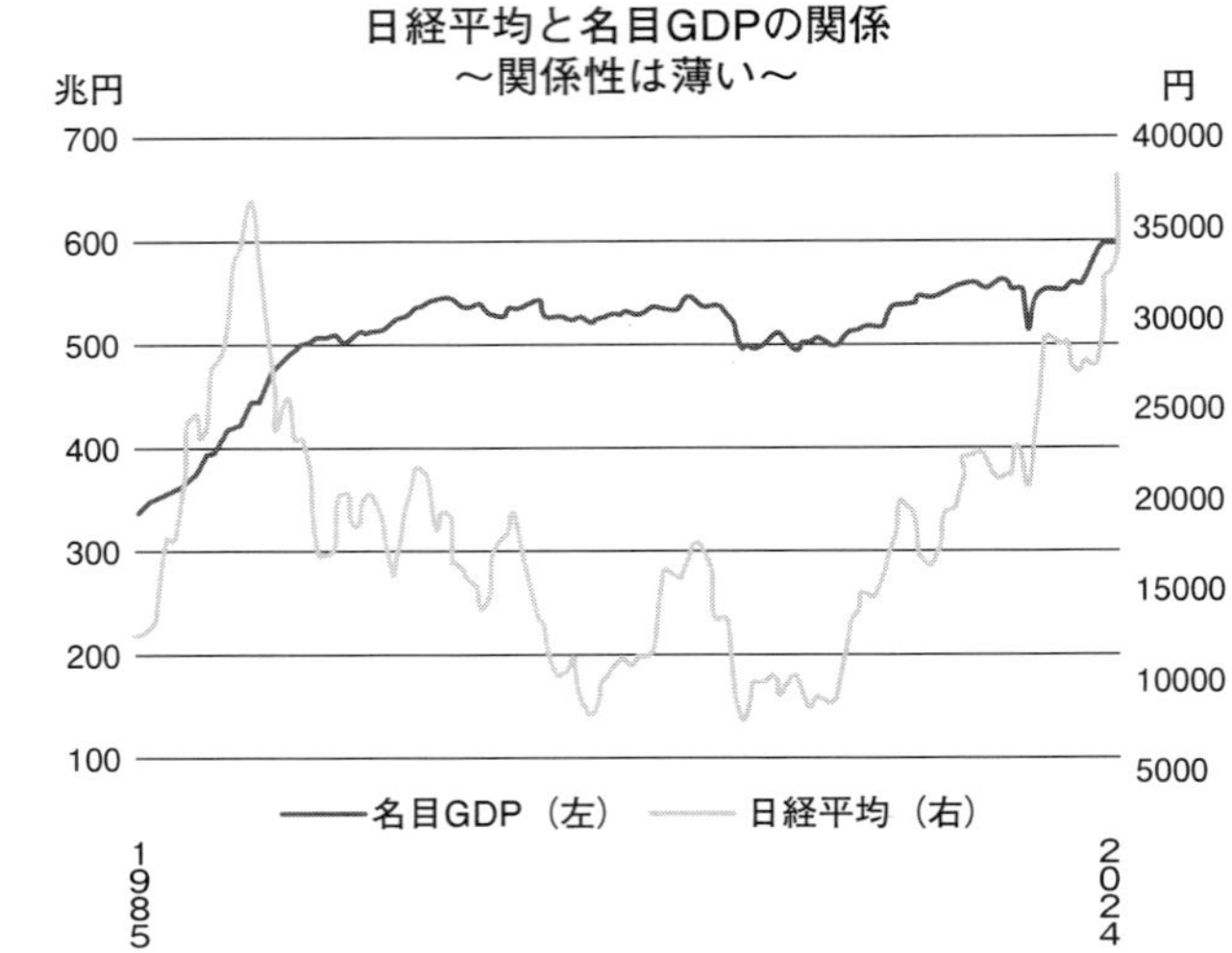

（出所）内閣府、日本経済新聞社

「二〇二五年までに五万円」かはわかりませんが、二〇三〇年までにはいくでしょう。

こう言うと、「日本経済が復活できていないのに、なぜ株価が上がるのか」と質問を受けますが、株価と日本経済の景況感は根本的に別物なのです。

上のグラフは日経平均と名目GDPを比較しています。見ていただければわかると思いますが、二つのグラフはまったく別の動きをしています。つまり、そこまで相関関係が高くないということです。

では日経平均株価は何と関係しているのか。それを示すのが次ページのグラフ

日経平均と大企業の利益
～より関係が深いのは経常利益～

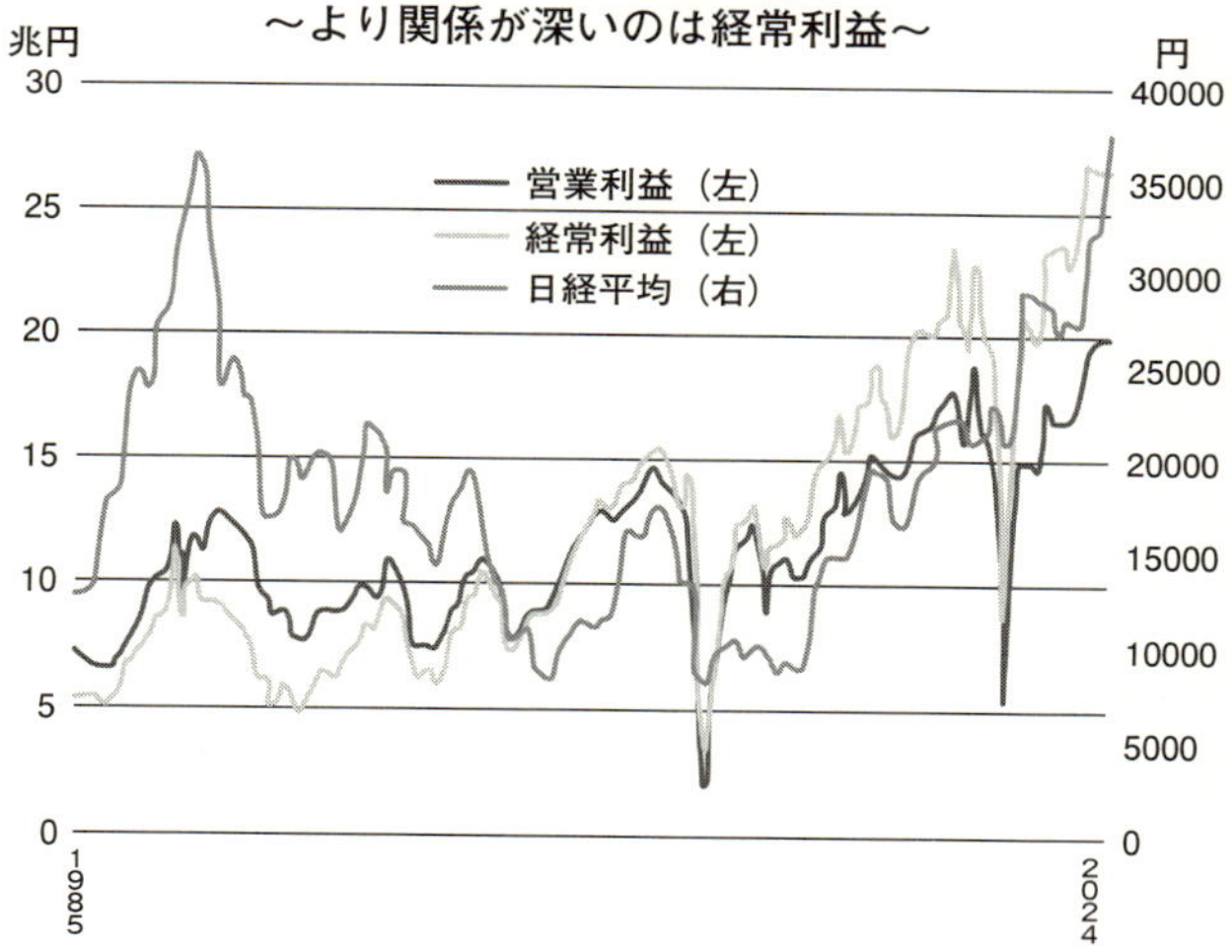

（出所）財務省、日本経済新聞社

です。

　このグラフは日経平均と大企業の業績を表したものですが、見事に相関しています。つまり、日本経済の調子が多少悪くても、日本企業が利益を出している限り、日経平均は上がっていくということです。

　日本の大企業の多くはグローバル展開しています。国内市場は少子高齢化で縮小していますが、国内で稼げなくても、海外で利益を挙げている企業も多いのです。

　だから、日本経済が成長していなくても、世界経済が成長していれば、日本企業の利益は増えていくので、日本株は今後も上がると考えられます。

日本株はバブルではない

永濱　エミンさんから「日経平均は近いうちに五万円を超える」という話がありましたが、一方で「日本の株価は高すぎる、バブルだ」と言っている人もいます。

ただ、日本株がバブルである可能性は低いでしょう。株価を見る際に使われる指標に予想ＰＥＲというものがあります。株価を予想利益で割ったもので、この数字が高いと割高ということになります。

バブル期の日経平均の予想ＰＥＲは六〇～七〇倍くらいありました。一方、現在の日経平均の予想ＰＥＲは一六倍程度です。つまり日経平均はバブルではないということになります。

エミン　永濱さんがおっしゃる通り、いまの日経平均全体のＰＥＲは一六倍程度なわけで、まったくバブルではない。もしバブルなら、日経平均は一六万円、一七万円くらいになっていますよ。今の日経平均株価は企業業績を反映した、真っ当な水準ということです。

永濱　二〇二四年四月以降、日経平均は少し下落しました。これをもって「日本株バブル崩壊」と見る向きもあるようですが、私は次の三つの要因によるものと考えています。

一つ目は、アメリカの利下げ観測の後退。アメリカのインフレ高止まりが明らかになり、高金利が維持される見通しが強まりました。高金利は企業活動を停滞させるので、株価にはマイナスです。

二つ目は、中東情勢の悪化です。イランがイスラエルを直接攻撃し、イスラエルも報復したことで、原油価格の上昇とインフレ再燃を見込む動きが強まりました。

三つ目は、ハイテク株の見通しが下方修正されたこと。いわゆる「マグニフィセント7」と呼ばれる企業の業績は好調ではありますが、成長速度には陰りが見られます。株価が高くなりすぎているので、好業績でも少し悪材料があると売られやすくなっています。

ほか、いわゆる「アノマリー」も影響したかもしれません。アノマリーとは「相場の経験則」のことですが、特にアメリカでは「セル・イン・メイ」という格言があります。「年始に買った株は、五月に売れ」という意味です。

世界の株式相場には、「春にピークをつけて、その後は夏枯れ相場が続き、秋口から再び上がる」というパターンがあります。

二〇二四年春の日経平均の下落は、株式市場のアノマリーに影響された可能性もあります。ＦＲＢが利下げに動けば、再び上昇に転じることも考えられます。

日本企業は海外で稼いでいる

永濱　前のグラフではあえて営業利益と経常利益を分けています。かつて日本企業は営業利益のほうが高かったのですが、いまは圧倒的に経常利益のほうが高く、およそ一・五倍にもなっています。

経常利益とは「営業利益」に「営業外利益」を加え、「営業外費用」を引いたもの。要するに、海外現地法人からの配当金等も入っているわけです。

つまり、日本企業は海外で稼いでいるということ。それもあって、日本企業は為替の変動にも徐々に強くなっていると考えられます。

製造業ではもはや現地生産が当たり前です。そのため「円安で原材料の輸入価格が上がった」といった「円安のデメリット」は以前よりも影響しにくくなっています。

某衣料品企業の代表の方が円安を批判されていましたが、その決算には円安のデメリットはあまり感じられませんでした。売り上げ増加分のほとんどは海外事業によるものでしたから。

本当に円安を問題視しているなら、その衣料品企業が生産拠点を日本国内に戻すという方法もあるでしょう。日本からの輸出が増えれば、貿易黒字が増え、円安の抑制要因になりますから。

エミン　日本株は為替が変動相場制に移行してからずっと上がっています。一九八〇年代のバブルの時代には「プラザ合意」の影響もあって、株価が上がるのと同時に円高にもなった。実はその前の上昇局面でも株価上昇とともに円高が起きています。

日本の株高は通貨高と同時に起きているようにも見えるわけですが、本来株価と為替はあまり関係ない。むしろ、永濱さんがおっしゃったように企業業績に左右されます。

ただ通貨安が長期にわたって続くと、株高を生むことがあります。ある国の通貨が下がると、海外投資家にとってその国の株は割安になり、株式相場にとってはプラス。

トルコがいい例で、二〇二〇年のパンデミック以降、トルコリラが暴落し約五分の一になりましたが、その間にトルコ株のイスタンブール一〇〇指数は約一〇倍に上昇しています。株の値上がり幅は通貨の暴落幅の倍以上もあったのです。

トルコではリラの価値が暴落していますから、国民はパニックモード。リラを株に替えて運用しないとやっていけないのです。

日本でもこのまま円安が進めば、こういう動きが起きてくるでしょう。実際、新NISA開始で「インフレに負けないためには株式投資」というムードが高まっています。

「1ドル＝300円」で日経平均株価は300万円になる

エミン　日本経済の歴史を見ると、だいたい70年くらいのサイクルで動いていることがわかります。東京証券取引所の前身である東京株式取引所ができたのが1878年9月。そこから日本の株価は上昇を続け、天井に達したのは41年6ヵ月後の1920年3月。この間に株価は実に297倍にもなりました。

その後日本が戦争に突入していくと株価も下落。天井から23年3ヵ月後の1943年6月に日本証券取引所に統合され底入れします。

戦後、1949年5月に東京証券取引所が再出発を果たすと、日本株は再び上昇サイクルに入ります。この間に日経平均は225倍になっています。約40年7ヵ月後の1989年12月に再びピークをつけ、その後、バブル崩壊とともに株価は下落。低迷期が23年7ヵ月続きます。

その後2013年に「アベノミクス」が開始。7月に東証と大証が統合し日本取引所となったころから再び上昇サイクルに転じました。

いまはこの新しい上昇サイクルの真っ只中で、あと三〇年くらいは日経平均は上昇を続けると考えられます。これをもって、私は「二〇五〇年に日経平均株価は三〇〇万円を超える」と予想しています。

三〇〇万円と言うと驚かれるのですが、このまま円安が進み、仮に一ドル＝三〇〇円くらいになると、「日経平均三〇〇万円」がもっと早く実現すると思います。一ドル＝三〇〇円とは、要するに円の価値が一ドル一〇〇円だった時に比べて三分の一になるということ。その時の三〇〇万円には実際一〇〇万円の価値しかないわけです。

ただ、何度も言いますが、株価が上がる根本的な理由とは、企業の業績が伸びることにあります。為替の影響はあくまで二次的なもの。

日本株には上昇余地がまだまだある

エミン　二〇一三年の年初に日経平均株価は約一万円、ＰＥＲは約一七倍でした。それから約一〇年で日経平均は約四倍になりましたが、ＰＥＲは変わっていません。むしろわずかに下げている。要するに、その間に企業の利益も四倍になっているということです。

企業業績の上昇は今後も続くと期待しています。日経平均全体のＲＯＥ（自己資本利益率）は約八パーセントですが、アメリカをはじめ世界では一〇パーセント以上が当たり前です。日本企業も資本効率向上に取り組んでいますので、いずれＲＯＥはもっと上昇するでしょう。

二〇二三年三月、東証は上場企業に対して「低ＰＢＲ対策」の実施を要請しました。ＰＢＲとは株価純資産倍率のことで、ＰＢＲが一倍を割っている場合、会社を潰して清算したほうが儲かるという意味。

日本企業の中にはＰＢＲが一倍を割っている企業がたくさんあります。こうした企業は自社株買いをしたり、配当金を上げたりして、低ＰＢＲの解消に動くと予想されます。こうした動きが活発化するだけでも日経平均はもっと上がるのです。

また、日本では取引先との関係維持のために、株を持ち合っていることがあり、こうした株を政策保有株と言います。ただ、これは株を塩漬けにしているに等しいので、株式市場の活性化という面ではマイナス。そのため東証プライム上場企業では政策保有株を売却する動きが出てきていますが、解消されたのはまだ二割程度です。

東証が進める株式市場改革はまだまだ道半ばで、改善の余地は大きい。要するに日本株には上昇余地がまだまだたくさん残されているわけです。

日経平均はすでに四万円をつけたので、五万円はかなり見えてきました。となると、その先に一〇万円までいくのも現実味を帯びてきている。それこそFRBが利下げし、ちょっとしたラリーがあれば五万円に到達するかもしれません。

ただ、どこかで一度はバブルになると思います。全員が「日経平均はもうすぐ三〇万円」と言い出したら、それがバブルのシグナルなんじゃないでしょうか。そうなったら早く売ったほうがいいと思います（笑）。

第二章　「世界インフレ」と日銀

なぜアメリカのインフレ率は下がらないのか

エミン　ＡＩバブルよりも、円安が止まらないことのほうが心配です。

永濱　日米の金利差が開いていますからね。

最初のグラフは日本とアメリカの長期金利の差、およびドル円相場を示したものですが、二〇二四年に入り、アメリカの長期金利が上昇して金利差が大きくなっています。インフレ率がなかなか下がらないので、利下げ観測が後退したからです。それに伴い円安が進み、一時は一ドル＝一六二円手前まで上昇しました。

円安のもう一つの要因として、貿易収支もあります。次のグラフは日本の貿易収支とサービス収支の推移ですが、ここ数年、貿易収支の赤字が増えています。

貿易黒字であれば、日本に入ってくるお金が増えるので、日本円を買う動きが強まります。一方、貿易赤字なら、日本からお金が出ていくので、日本円を売る動きが強まるわけです。

近年、日本企業の生産拠点が海外に移転され、国内産業の空洞化が進み、貿易赤字が増えやすくなっています。

長期金利差とドル円
～円安が進みやすくなる～

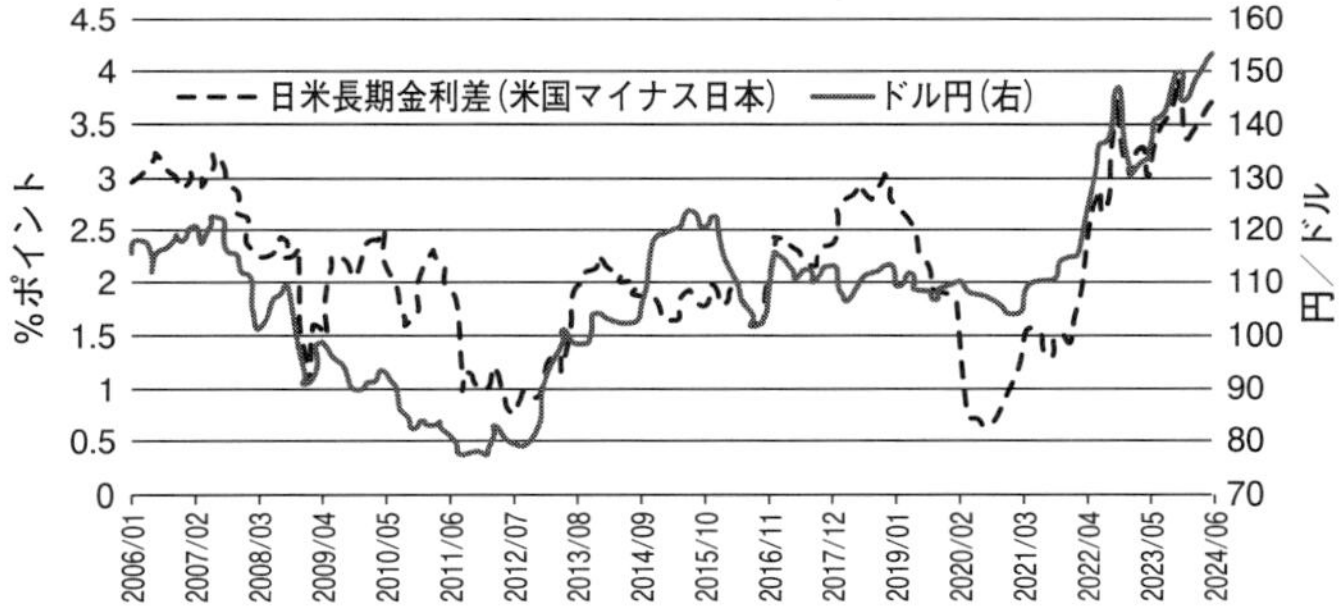

（出所）FRB、日本相互証券

貿易サービス収支の推移
～空洞化、原発の稼動停止、デジタル赤字～

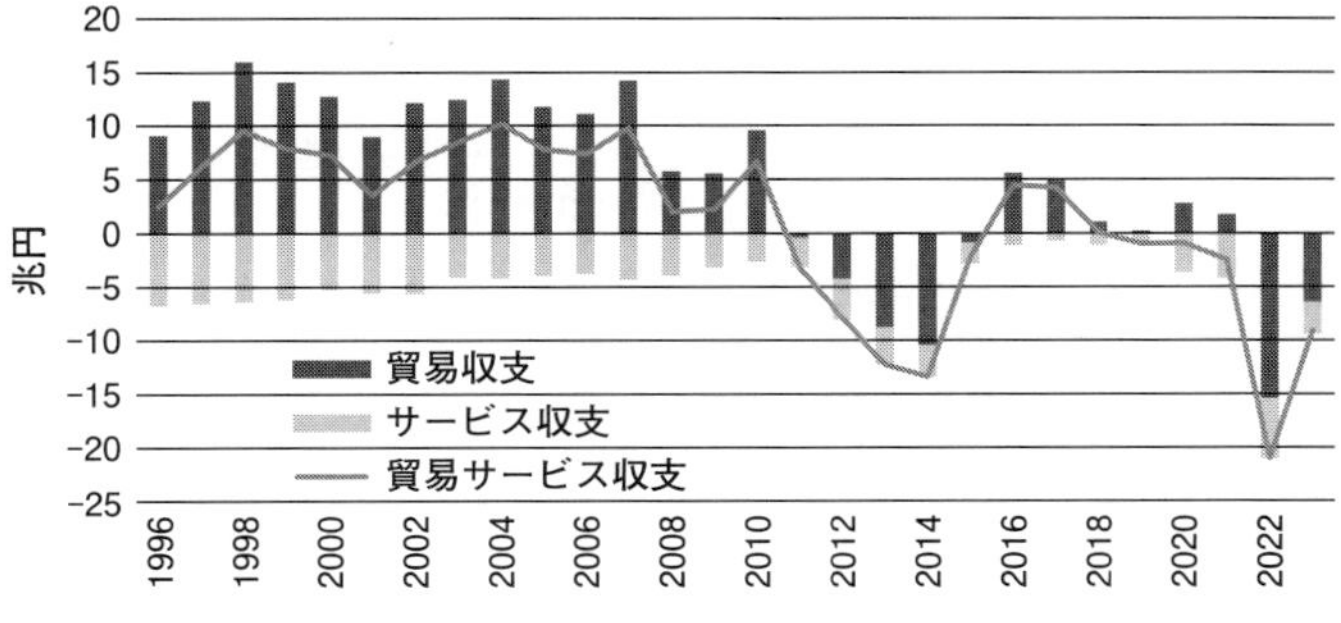

（出所）財務省

また、福島第一原発の事故によって、原発の稼働を停止したことも影響しています。火力発電の割合が増え、原油や天然ガスの輸入が増えたからです。

一方、海外投資の収益など、所得収支は黒字なので、経常収支で見れば日本はずっと黒字です。ただ、所得収支の黒字はそのまま海外で再投資されることも多いため、実需面からも円高になりにくくなっています。

ほか、近年はアメリカのハイテク企業が成長したことで、デジタルサービスの輸入に伴う赤字、いわゆる「デジタル赤字」が増えたことも、ドル高の一因となっています。

円安は「アベノミクス」で始まった

永濱　もう一つ、円安には「アベノミクス」の影響もあります。

次に挙げるのは日本とアメリカのマネタリーベース、つまり円とドルの供給量を表したグラフです。

このマネタリーベースの差が、為替相場の動きをある程度説明しています。

過去一番円高が進んだのは東日本大震災直後で、一ドル＝七五円程度までいきました。保険金の支払いや震災復興のため日本の資金が国内に戻る、いわゆる「リパトリエーション」

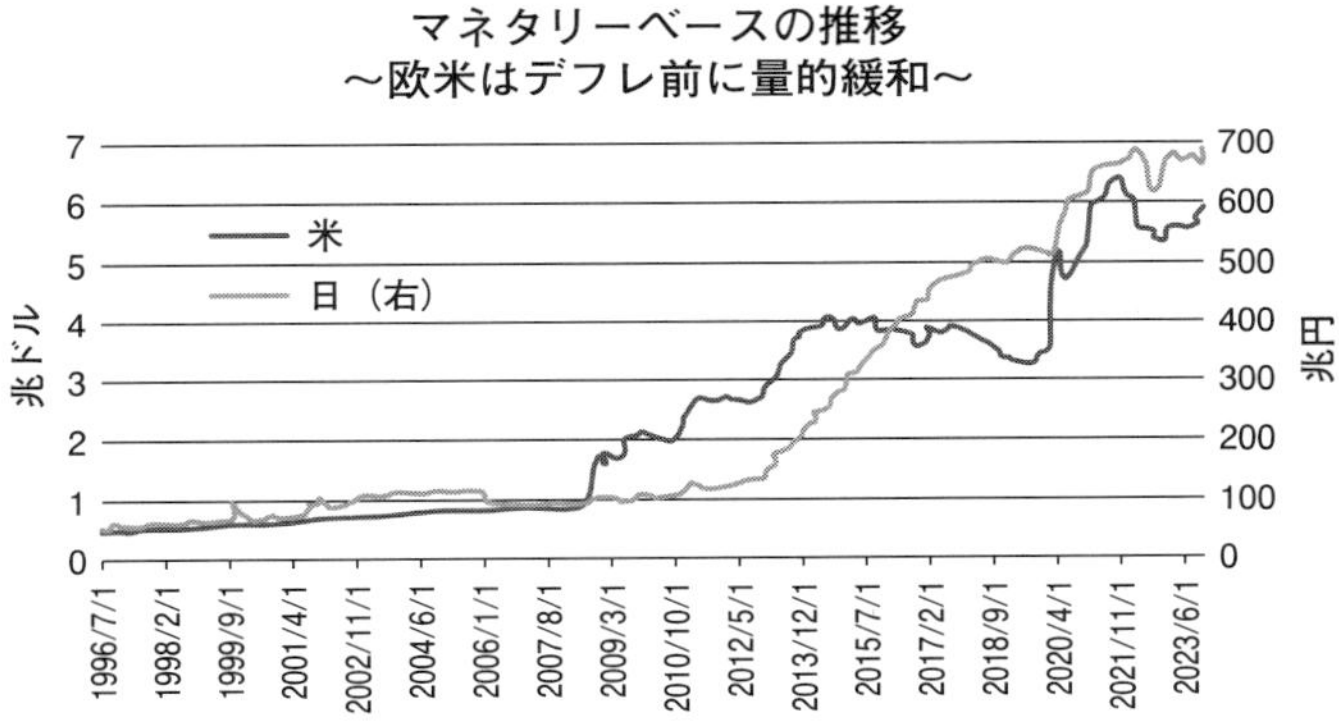

（出所）FRB、日銀

が起きるという観測で円高になったのです。

ただ、グラフの通り、マネーの量を見ると、そもそも東日本大震災が発生した二〇一一年ごろ、欧米は量的緩和をやっていましたが、日銀はまだでした。そのため、円の供給量に対し、ドルの供給量が多くなり、一時は二・五倍ほどに達していました。円に対してドルの供給量が多かったため、円高ドル安になりやすかったのです。

一方、二〇一二年に第二次安倍政権が発足し、翌二〇一三年からいわゆる「アベノミクス」がスタートします。すると円の供給量が増え、ドルと同じくらいになり、異常な円高ドル安が是正されました。

いまは日銀が金融緩和の出口に向かいつつありますが、慎重に行われているため、引き続き円安ドル高水準が続きやすい環境です。

アベノミクスはもともと「三本の矢」、つまり「異次元緩和」「財政出動」「構造改革」の三つセットの政策でした。ただ、「第二の矢」の「財政出動」は最初だけで、消費増税や社会保険料の負担増などでむしろ景気にブレーキをかけてしまいました。

その分、アベノミクスは金融政策に負担がかかりすぎてしまいました。「マイナス金利」「YCC（イールドカーブコントロール）」の導入で、当初予定より大規模な緩和を長期間実施することになります。その結果、歴史的な円安になったわけです。きっかけはロシアのウクライナ侵攻に伴う世界的な四〇年ぶりのインフレでしたが、円の発行量が相対的に増えていて、もともと円安が進みやすい環境になっていたわけです。

円安は二〇二六年まで続く？

永濱　「景気に対して緩和的でも引き締め的でもない」中立的な金利水準を「中立金利」と呼びます。次のグラフは日本の金利、アメリカの金利、アメリカの中立金利を表したものですが、アメリカの金利は中立金利をはるかに上回る水準に達しています。つまりそれだけ「金融引き締め的」ということです。

ただ、アメリカの金利がずっと中立水準を上回り続けるとは考えにくいです。いずれアメ

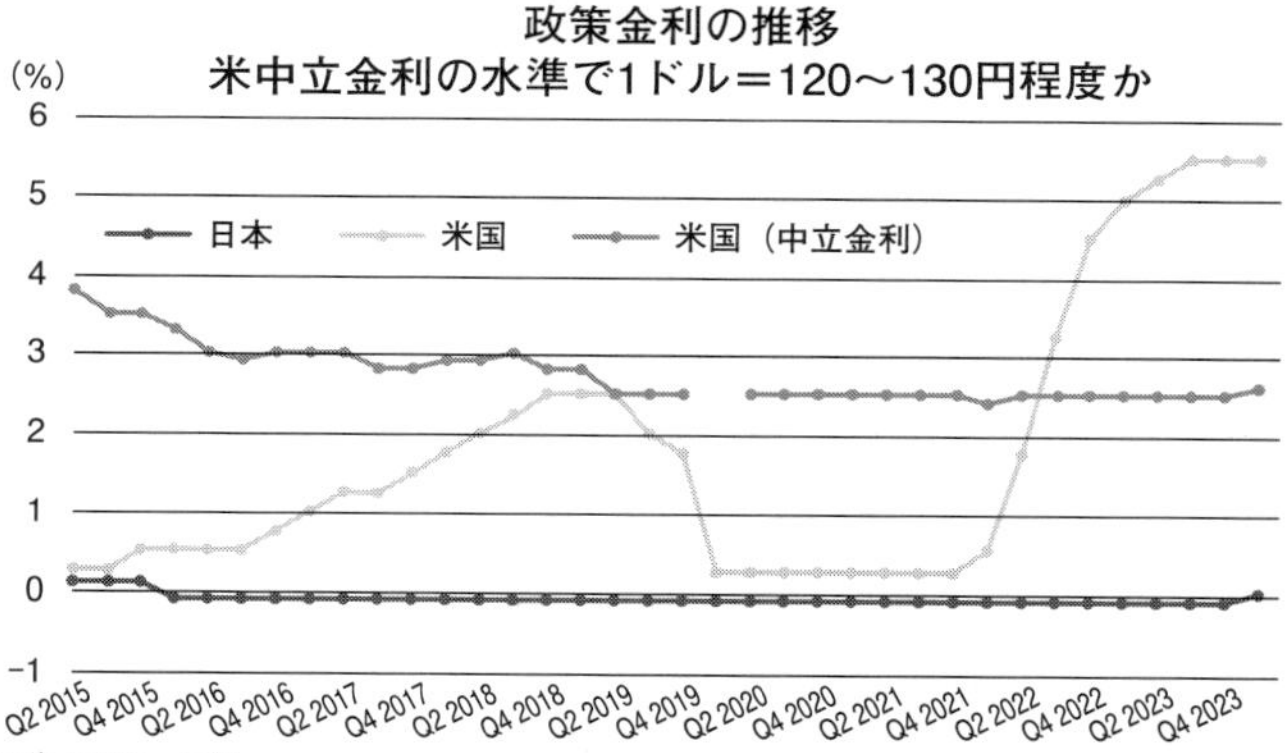

（出所）FRB、日銀

リカの政策金利は、中立金利の水準あたりに下がってくると思われます。そうなればいまの円安は是正され、一ドル＝一二〇〜一三〇円程度で落ち着いてくるでしょう。

ただ、それにはかなり時間がかかるかもしれません。ＦＲＢは金利の予想値を示す「ドットチャート」を公表していますが、それによると、二〇二六年末時点でも政策金利が中立金利まで下がらないとされています。ＦＲＢの見通し通りとなれば、当面は円安をもたらす水準が続くことになるでしょう。

また、今後アメリカのインフレが再燃すれば、利下げどころか利上げが必要になる可能性もゼロではありません。その場合は日米金利差がもっと拡大し、円安がさらに進むでしょう。

円安が進むと、メディアは大騒ぎします。輸入品

ドル円と業種別株価指数変化率の相関係数
ベスト10（1983年2月〜2024年3月）

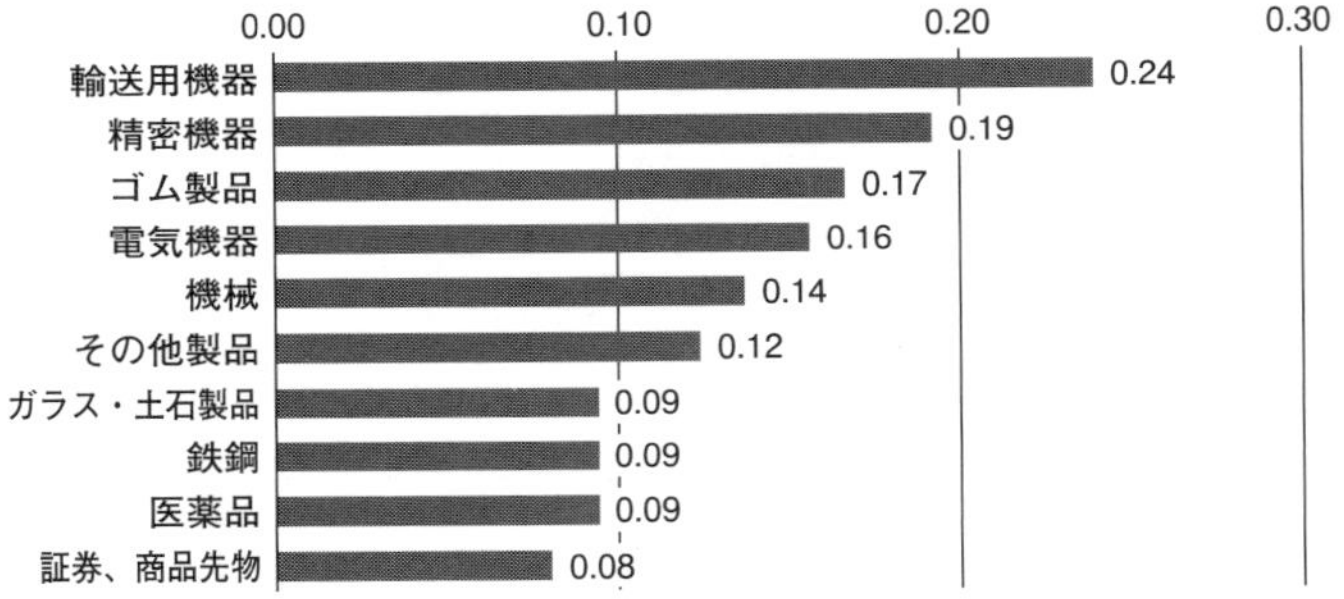

（出所）東証、日銀のデータを基に作成

の価格が上昇するため家計に負担がかかるとか、日本の国力が低下した、と思われがちだからです。

ただ、円安は通常、日本の株価にはプラスに働きます。日経平均株価は海外投資家の影響が大きいのですが、円安は日本株を割安に買えるチャンスでもあります。円安は株式市場に海外マネーの流入を促します。

また、円安は自動車などの輸出産業にとっても追い風になります。円安で日本企業の業績が良くなれば、日本経済全体にも好影響がありますし、株価にもプラスでしょう。

次に挙げるのは「ドル円と業種別株価指数変化率の相関係数」のグラフです。要するに「円安で株価が上がる傾向にある業種」を表したものです。円安になると、自動車を含む「輸送用機器」を筆頭に、さまざまな業種で株価が上がる関係にあったことがわかります。

円安は「国民の購買力」を痛めつける

エミン　私も円安そのものが問題とは思っていません。ただ、短期間のうちに急激に円安が進むのは問題だと思います。

一ドル＝一〇〇円だろうが、一五〇円だろうが、円安なら円安で、どこかの水準で止まってくれるなら、家計や企業にとって大きな問題にはならないのですが、どんどん円安が進めば、国民生活は苦しくなります。

私はトルコ出身ですが、トルコ経済は七五パーセントものハイパーインフレに見舞われています。インフレが進んでいるにもかかわらず、エルドアン大統領が金融緩和を続け、トルコリラが暴落したからです。

ここまで激しいインフレは日本では起きないにしても、今回の円安によって、メディアも国民も若干パニックモードになりました。一ドル＝一五〇円くらいで止まると思っていたのに、下手をすると二〇〇円までいくかもしれない、という雰囲気になったのです。

私の父親はトルコで輸入業をやっていたのですが、貿易の仕事では、為替相場が安定していることが最も重要なのです。一ドル＝一四〇円の時に輸入した商品は、一ドル＝一六〇円まで円安になって、同じ価格で売れるかというと、普通は無理です。円安になれば、同じ商品をより高い値段で購入しないといけなくなるので、円安前に輸入した商品でも値上げしないと次の仕入れができなくなります。

このように、為替相場の不安定は、その国のビジネスを痛めつけるのです。

しかも日本企業はなかなか値上げしないことで有名です。急激な円安で生じたコスト高を価格転嫁できなければ、企業が負担することになります。

私の友人に食料品の輸入企業をやっている人がいて、オリーブオイルやドライフルーツなどをトルコから輸入し日本で売っています。その友人が言うには「一ドル＝一七〇円か一八〇円くらいになったら会社は破産」だそうです。

輸入業者はある意味「卸」みたいなもので、ただでさえ一パーセントとか二パーセントぐらいの利益率でやっている。小売りとメーカーの間に挟まれているので、そう簡単には値上げできないのです。

「そんなに為替変動が嫌ならヘッジすればいい」という人もいるかもしれない。でも、一輸入業者がわざわざ為替ヘッジに資金を回すのはナンセンスです。そこまで資金が潤沢ではないし、利益率も高くないですから。

不安定な為替相場が今後も続くと、いずれ輸入業者も値上げを迫られる。それも、為替の変動リスクを織り込んだ、大幅な値上げです。すると当然ながら小売りも値上げするので、最終的には国民の購買力が痛めつけられる。実際トルコではそうなりました。

だから、日本の金融当局にはとにかく為替相場を安定させてもらいたいと思うのですが、いまのところそのつもりはなさそうです。

植田総裁の失言がさらなる円安を招いた

エミン　円相場が一ドル＝一六〇円に向かう中、二〇二四年四月の日銀政策決定会合が開かれました。事前に時事通信社が「日銀は国債購入額を減らす」、つまり金融引き締め方向に動くと報じていたのですが、結果は現状維持。金融緩和の維持が決まりました。

しかも、植田総裁は会合後の記者会見で「円安の物価への影響は無視できる程度か」という記者の質問に「はい」と答えてしまいました。

投機筋はこれを見て「日銀は円安を気にしていない。だから当分利上げはない」と判断したのでしょう。植田総裁の記者会見中に、一円以上も円安が進んでしまいました。

植田総裁はもっと言葉を選ぶべきでした。私も会見を見ていましたが、正直言ってかなり不満に思いました。あえて円安に誘導しているようにさえ見えましたよ。

永濱　植田総裁が言ったこと自体は間違っていませんでした。そもそも日銀の「使命」は物価の安定であって、為替の安定ではありませんから。

エミンさんのお話を聞いて思ったのですが、根本的な問題は、いまが「平時」ではない、ということではないでしょうか。

要するに、「平時」なら、ここまで急激な円安はあり得ないわけです。やはり世界が四〇年ぶりにインフレの時代に入った影響が大きいと思います。

そもそも円安にはプラスマイナス両面あって、円安でインフレになっても、それが適度なら日本経済にとってはマイナスの側面は限定的になりますが、過度な円安・インフレならマイナスの側面が無視できなくなるということではないでしょうか。

「失われた三〇年」と言われますが、日本はずっとデフレで、企業はコスト高を価格に転嫁できない状況が続いていました。そのしわ寄せを受けていたのが人件費です。要するに、賃金が上がりにくい構造になっていたわけです。

しかし、ロシアのウクライナ侵攻の開始以降、上昇した原材料の輸入コストを価格転嫁せざるを得なくなりました。こうした企業の価格転嫁メカニズムの復活は人手不足も相まって賃金の上昇を後押しすると思います。この点でインフレは「劇薬」ではあるものの、日本経済の復活に一定の役割を果たすと思います。

ただ、円安インフレがいきすぎると、エミンさんが指摘されるように経済への悪影響が目立ってくると思います。どの頃合いで落ち着くかを注視しています。

「デフレ」と「インフレ」どちらが怖いのか

エミン　年配の経済専門家の方とお話しすると、円安進行をマイナスと見ない人が多い印象です。一九八五年のプラザ合意以降、日本経済が円高とアメリカとの貿易摩擦によって痛めつけられた記憶があるのと、「デフレの悪夢」の印象が強いからでしょう。

日本はこれまでずっとデフレに悩まされていました。それがようやくインフレになってきたのに、利上げをしたらまたデフレに逆戻りだ、という懸念があるのです。

植田総裁もきっとそのイメージを強く持っているのではないでしょうか。

それ自体は理解できます。ただ、一方で「インフレの怖さ」も認識してもらいたい。

こう思うのは私がトルコで育ったせいかもしれませんが、インフレをコントロールするのは至難の業なのです。ある意味、モンスターのようなもので、ひとたび檻から出すと、もう手に負えない。でも、日本の金融当局は「いまのインフレは何もしなくてもどこかで止まる」と思っているように見える。

永濱　円の下げ方はトルコリラのようでしたね。

エミン　日銀の立場もわかるし、デフレの恐怖も理解できる。アメリカのFRBがやったような急激な利上げをやれとは言わない。

ただ、最近の日銀はあまりにもハト派的、円安容認のメッセージを出しすぎていた。ちょっと黙ってほしいと思う瞬間は多々ありました。

永濱　たしかに、植田総裁の発言は予想外でした。

「日本円は紙くずになる」の嘘

永濱　「日銀は利上げできない、だから日本円は紙くずになる」という観測もあります。日銀は異次元緩和で大量の国債を買っています。ただ、国債は金利が上がると価格が下がるため、利上げすると、日銀のバランスシート上の資産が減ることになります。もっとも、日銀は国債の時価評価を採用していないのですが。

一方、日銀には各金融機関から資金を預かっている「当座預金」がありますが、金利が高くなると、その分利子をより多く払う必要があります。金利が高くなると、利払いが日銀の収入を上回る「逆ザヤ」になります。そのため、利上げすると日銀が債務超過に陥ると心配する向きもあります。

ただ、一般企業とは違い、貨幣を発行できる中央銀行は債務超過でも問題ありません。実際、アメリカのFRBや、オーストラリア準備銀行は利上げに伴い債務超過に陥りましたが、特に何も起きていません。

エミン　「日本円が紙くず論」は一部の論者が言っていることですが、彼らの真意は「日銀が債務超過で潰れる」という点ではないようです。要するに、そういう苦しい状況になれば、政府が日銀に資金を注入しなければならなくなる。そのために円をもっと発行することになるが、それは金融緩和と同じこと。だから利上げしても円安を止められない、ということのようです。

たしかに一理ありますが、私はそこまで悲観的ではありません。なぜなら、世界の中央銀行はみな同じような状況にあるから。この状況で日本円だけが独歩安になるとは思えない。むしろ巨額の外貨準備高を持つ日本は、他国に比べると「通貨が紙くずになる」リスクが低い気がします。

永濱　そうですね。日本の対外純資産は約四七〇兆円と、世界最大ですから。

エミン　そうそう。日本がそんな事態になるなら、トルコはもっとひどいことになっていますよ（笑）。トルコの外貨準備は一〇兆円以上のマイナスですから。それでもトルコは国として機能している。日本はまったく心配する必要はありません。

もう一つ、いまの状況が永遠に続くわけではありません。いずれアメリカはどこかのタイミングで利下げしてきます。それに合わせて日本も引き締め的に動けば、ドル円相場は反転して円高方向に動くでしょう。

たしかに利上げすれば、日銀のバランスシートは悪化します。債務超過になるかもしれませんが、それは一時的なもの。だから本来日銀はもっと機動的に金利を上げたり下げたりできるはずなのですが。

日銀はFRBが動くのを待っている

永濱　これまではアベノミクスで金利が低く抑えられてきました。このため日本国債は投資対象として魅力的ではありませんでした。

ただ、足元の金利は上がってきています。インフレ率が上がってきましたので、日銀もいずれ出口に本格的に向かうと思われているからです。

金利が高くなれば、国債を買うメリットが生まれます。特に保険会社は顧客から預かった保険料を長期で安定的に運用する必要があり、そのために資産と負債を管理します。だからリスクの高い株や外債より、できるだけ日本国債で運用したいので、金利が上がれば国債を買うニーズが高まります。このため、日本の三〇年国債の金利が二パーセントを大きく超えてきたりすれば、保険会社の買い意欲は猛烈に高まると思います。

エミン　それこそ、生保各社の運用担当者もそういう趣旨の発言をされていましたね。

永濱　ええ。金利が上がれば日本国債の買い手は増えると思います。このため、日本の長期金利はその動きによって頭を押さえられるでしょう。

「日本円は紙くずになる」論者はよく「国債の買い手がいなくなり、金利が急上昇する」と予想しますが、そのような事態は簡単には起きないということです。

エミン　私もそう思います。

永濱　マクロ的に考えても、日本は企業も家計も貯蓄超過で金余りの状況です。とても金利が跳ね上がる国とは思えません。

エミン　日本国債の買い手は海外にもいますから、心配はいらないと思います。

永濱　一〇年債なども、金利が制御不能なほど急上昇することはまず考えにくいです。アメリカの長期金利も利下げが現実味を帯びてくれば、低下圧力がさらに強まるでしょう。世界の長期金利は基本的には連動して動きますので、日本の金利にも下げ圧力がかかります。

もしかすると、日銀は異次元緩和の出口に当たってこれを見込んでいるのかもしれません。

日銀が一番避けたいのは、異次元緩和の出口の過程で、長期金利が上がりすぎてしまうことでしょう。そうなると、実体経済にも影響が出かねません。

ただ、アメリカが利下げを始め、世界の金利が下がっていく局面なら、日銀が緩やかに出口に向かっても、日本の長期金利に下押し圧力がかかることになります。よって、長期金利の行きすぎた上昇というシナリオは避けやすくなるわけです。

日銀は国債の買いオペを続けています。日銀が金融機関から国債を買っているうちは、需給面でも安心材料になりますから、金利が上がりにくくなるわけです。

長期金利が急上昇すれば、日銀は買いオペの購入額を増やさなければならなくなるかもしれません。

でも、アメリカが利下げサイクルに入って長期金利が下がる局面になれば、日本の長期金利の急上昇は避けやすくなるでしょうから、買いオペ拡大の必要性は低下するわけです。

要は、世界中で債券が買われるタイミングで出口に向かったほうが、スムーズに正常化できるということを日銀は狙っているのでしょう。

日銀の金融政策判断には為替も影響するかもしれません。つまり、アメリカが利下げサイクルに入った後で日本が利上げしたら、円高が進みすぎるリスクがあります。過度な円高は企業業績を悪化させるでしょうから、日銀は政策修正のタイミングを急ごうと考えるかもしれません。

世界経済の行方は日銀の対応にかかっている

永濱　エミンさんの話にもあったように、日銀が利上げを始めるのはいつも世界で最後です。だから日銀が利上げするころには世界経済がおかしくなっていて、日銀が暴落の引き金を引く格好になってしまう可能性もありますよね。

エミン　あり得ますよね。

永濱　その場合、「日銀がもう少し利上げを我慢すればよかった」と批判されるでしょう。「日本の景気が悪くなったのは日銀が拙速に利上げしたからだ」と。日銀はこれを気にしている可能性もあると思います。

考えてみれば、日銀もけっこう大変な立場です。国民からは「円安を何とかしろ」と言われ、いざ利上げすると、今度は「拙速な利上げで景気を冷やした」と叩かれかねませんから(笑)。

エミン　たしかにそうですね。でも日銀はそれが仕事だから、批判を気にせずやるべきことをやってほしいですね。ある意味、世界経済の行方は日銀の対応にかかっているわけですから。

永濱　もう一つ、日銀が追加利上げに慎重な理由として、住宅ローンの問題があるでしょう。

次のグラフは「無担保コール翌日物」の金利と、「短期プライムレート」の推移を示したものです。

「プライムレート」とは、銀行が優良企業に融資する際の優遇金利のこと。短期と長期がありますが、特に短期プライムレートは日銀の政策金利と連動しやすくなります。

政策金利と短期プライムレート
～経済への影響がより大きい短期金利～

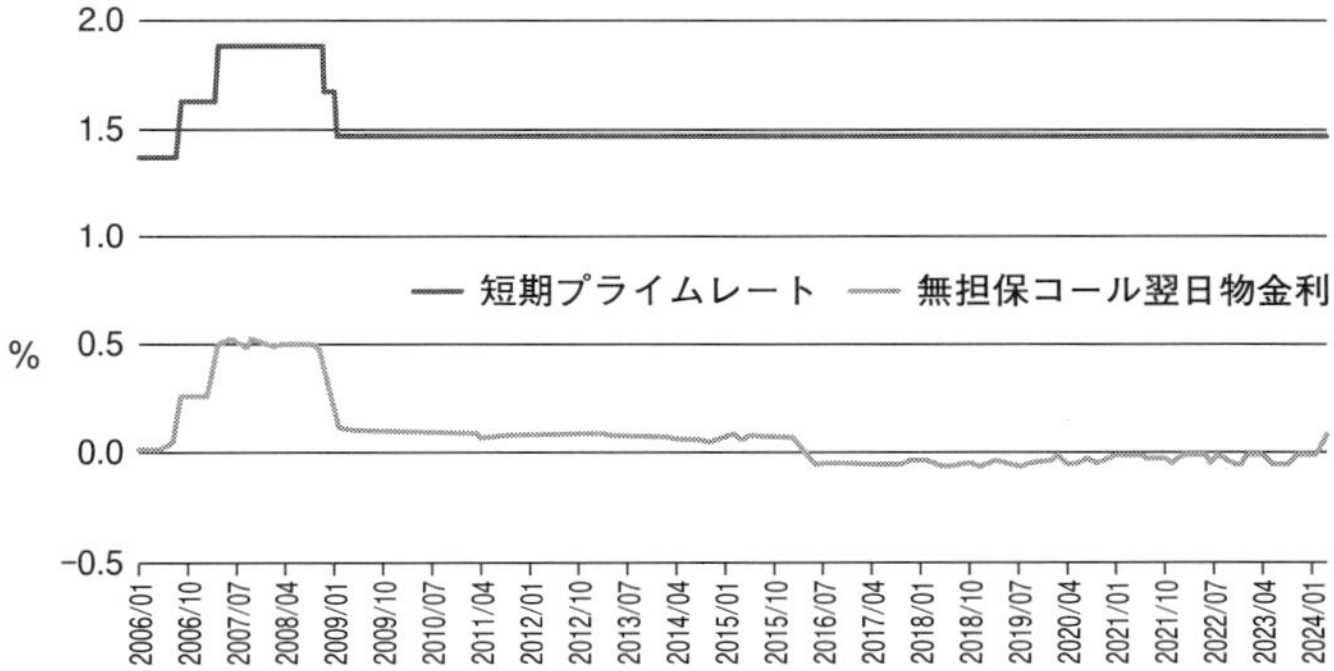

（出所）日銀

一方、「無担保コール翌日物」とは、金融機関が短期資金を借りる取引のことです。そして、日銀の「政策金利の誘導目標」とは、この「無担保コール翌日物」の金利のことです。

日銀が金利を引き上げると、通常は短期プライムレートも上昇することになります。

これが何に影響を及ぼすかというと、家計の住宅ローンです。短期プライムレートが上がると、住宅ローンの変動金利にも反映されます。

ちなみに、二〇二四年三月のマイナス金利解除では、短期プライムレートは上がっていません。むしろ、マイナス金利解除で一部の預金金利が引き上げられたので、銀行預金の利息が増えているくらいです。

ただ、日銀が追加利上げすると、今度こそ短期プライムレートが上昇する可能性が高いので、すでに変動金利で住宅ローンを借りている人の利払い費が上昇し、今度は実体経済にデメリットがあるでしょう。

ちなみに、利上げされると預金の金利も増えます。ただ、普通預金の金利はもともと低く、利上げで増えても微々たるものです。預金金利が例えば、〇・〇二パーセントから〇・一パーセントぐらいに上がったところで、消費を増やす効果は乏しいでしょう。

一方、住宅ローンを変動金利で組んでいる人は、毎月の支払い額が増えます。その人たちがその分節約すれば、個人消費が冷えてしまいます。

先に国債購入額を減らす理由

永濱　植田総裁はいまはハト派（金融緩和に前向き）のように言われていますが、黒田前総裁に比べるとやはりタカ派（金融引き締めに前向き）だと思います。

これまでの発言や姿勢を見ると、ＹＣＣの撤廃には前向きでしたし、マイナス金利も早めに解除してきましたので、異次元緩和の「異次元」のところの正常化には積極的という印象があります。

一方で、植田さんは日銀審議委員だった二〇〇〇年の政策決定会合で、ゼロ金利解除に反対票を投じていましたので、早期利上げにはどちらかといえば慎重派かもしれません。

エミン　植田さんはハトでもタカでもない印象です。

永濱　そうですね。植田さんは政策の自由度をいかに高めるか、というスタンスで市場と対話している感じがします。

植田総裁の就任以降の日銀は、とにかく市場にショックを与えないことを意識している印象が強いです。

これから日銀がどう動くかを考える上で、黒田前総裁の時に作成された日銀の展望レポートが手がかりになります。以前公表されたこのレポートの中では、同じ金利上昇でも、短期金利より長期金利のほうが実体経済への悪影響が少ないとの分析がありました。

それを考えると、日銀はまず長期国債の買い入れ減額をしてくると思います。具体的には、これまで月六兆円ペースで買っている国債の購入額を減らすとか、さらに「量的引き締め」つまり国債の償還額以上に国債を購入せず、保有国債を減らすといった方法が考えられます。

日銀はマーケットを理解していない

永濱　二〇二四年三月の日銀政策決定会合でマイナス金利が解除されましたが、その前にリーク報道がありました。四月の決定会合の直前にも、時事通信が「日銀が国債購入額を減らす」と報じましたが、実際の会合では現状維持が決まっています。

エミン　外れましたよね。あれはきっと市場の反応を見るためにわざとリークしているのでしょう。円安が進んでいたので、国債購入額を減らすとどのくらい円安を抑制できるか試したのではないでしょうか。でもマーケットはほとんど反応しなかったので、減額しても意味がないと思い、撤回したのかもしれない。

要するに、植田さんは黒田さんとは真逆のやり方をしています。黒田前総裁の時代は、政策の変更は毎回「サプライズ」で、マーケットがまったく予想していないタイミングで、予想外の政策変更をしていた。でも植田総裁のやり方は、事前にリークして、地ならしをして、大丈夫そうであればやる、という感じです。

でも、日銀は根本的にマーケットを理解していないと思います。今回、国債購入額の減額をリークしましたが、相場を見ればその程度のことで急激に円高になるとは思えない。まあ、日銀の仕事は為替取引ではないので、マーケット感覚を持っている人があまりいないのでしょう。結果、植田総裁の記者会見中に、急激に円安が進むという最悪の展開を招いてしまいました。

四月の決定会合では、事前リークよりも、サプライズを狙うべきだったかもしれません。加えて、今後の利上げを示唆する「意味深な内容」なんかを入れておけば、マーケットはもっと悩んだはずです。

中央銀行のアナウンスとは、「日銀はこれから利上げする」などと、方向性をはっきり読み取れるものではダメなのです。日銀が何をするかがわかれば、投機筋は全力でポジションを取ってきますから。

要するに、中央銀行の総裁とは「正直に喋ってはいけない」仕事なのです。本音は「できるだけ利上げせず緩和し続けたい」だとしても、「円安による物価上昇を懸念している」など、ある程度タカ派なことも言うべき。そうしておけば、投機筋もある程度ヘッジしなければならなくなる。「円安の影響は無視できる」などと言えば、投機筋は全力で円を売ってくるに決まっています。

永濱　五月になって岸田首相と植田総裁が面会して以来、植田総裁の発言のトーンがややタカ派に変わりました。

エミン　おそらく「円安の影響は無視できる」発言について注意されたのでしょう。

永濱　そうでしょうね。

利上げは「実質賃金がプラス」になってから

永濱　ただ、植田総裁の発言を見ていると、やはりどこかのタイミングで追加利上げしたいのは間違いないでしょう。

ではいつ利上げするか。タイミングとして、実質賃金がプラスになった時点という可能性が考えられます。

二〇二四年の春闘では賃上げが相次ぎ、平均賃上げ率は五・一パーセントとなりました。昨年は三・六パーセントで、これでも三〇年ぶりの賃上げ率と騒がれたのですが、名目賃金は一・二パーセントしか上がりませんでした。

ただ、今回は賃上げ率が去年より高いので、名目賃金の上昇率は二パーセント台後半、実質賃金はギリギリプラスになるかどうか、というところです。日銀もそのように見ているでしょう。

二〇二四年の春闘の影響が表れてくるのは、遅くとも秋くらいになります。そのころに実質賃金がプラスになっていれば、日銀は追加利上げを判断するかもしれません。

もう一つ、小幅の利上げなら、日銀は「金融緩和を継続」と言い訳できるという事情もあります。

先に触れましたが、景気を過熱させもせず、冷やしもしない金利の水準を「中立金利」といいます。ＦＲＢや日銀が決める金利が、この中立金利を上回っていれば、「金融引き締め」状況であり、逆に下回っていれば「金融緩和」ということ。

アメリカのＦＲＢはＦＯＭＣ（連邦公開市場委員会）のたびに中立金利を公表しています。六月のＦＯＭＣでは中立金利は二・七五パーセント程度に上方修正されました。それでも、アメリカのＦＦ金利誘導目標は五・二五〜五・五パーセントですから、アメリカは金融引き締めの状況にあるわけです。

日銀は中立金利を公表していませんが、アメリカよりは低いものの、いまの日本の金利よりは高い可能性があります。要するに、日銀が小幅の利上げをしても、中立金利より低ければ、「利上げはしたが、まだ金融緩和の水準」と言えるのです。

それを踏まえると、日銀が早期に利上げしてくる可能性もあります。タイミングとしては、早ければ七月から一〇月あたりになるかもしれません。

一方、アメリカの利下げは、あっても二〇二四年後半以降ではないかと思います。一時は年内の利下げはないとする向きもありましたが、その後は経済指標の下振れが相次いでいますので、利下げの可能性が盛り返している格好です。ただ、さすがに年内に一～二回あるかどうかではないでしょうか。

インフレ目標が「二パーセント→三パーセント」になる

エミン　日本の二年金利は直近で〇・三パーセントまで上がっています。要するに、マーケットは日銀が年内一回くらいは利上げすると予想しているわけで、実際にその通り〇・二五パーセントに利上げしました。

日銀はマーケットにショックを与えたくないのかもしれない。ただ、マーケットのほうは日銀の都合など気にしていません。日銀の思惑とは逆に、植田総裁の失言を拾って円が暴落したり急に買われるのがマーケットというもの。よくも悪くも、中央銀行はそれを前提に金融政策の舵取りをしなければならない。

アメリカFRBのパウエル議長の話だって、マーケットはまともに聞いていないのです。

パウエル氏はずっと「利上げはしないが、インフレが下がるまで利下げもしない」と言い続けていたのですが、マーケットは二〇二三年の秋から勝手に利下げを想定していました。

そもそも、インフレ率の目標として「二パーセント」という数字が出回っていますが、実は明確な根拠があるわけではありません。それも踏まえて、インフレ率二パーセントに固執する必要はないかもしれない。

実際、欧米の当局者の発言でも、「インフレ率は二パーセントでなくていい」といった意見がちらほら見受けられます。二パーセントまで低下するのを待っていると、なかなか利下げできないし、そのうち本当に経済が崩壊してしまうわけです。

永濱　これまで「ちょうどいいインフレ率は二パーセント」とされてきましたが、アメリカの学者の中でも、インフレ目標を二パーセントから三パーセントに変更すべきだ、との意見も出てきていますよね。
仮にアメリカのインフレ目標が三パーセントになったらどうなるでしょうか。結論から言うと、日本にもさらにインフレ圧力がかかるでしょう。海外がインフレになると、日本が海外からモノを買う時の物価が上がるわけで、結局、日本国内の物価も押し上げられてしまいます。アメリカが「インフレ目標三パーセント」になれば、日本もインフレ圧力がかかるわけです。

政府・日銀は為替介入で大儲けしている

エミン　アメリカがどこまで利下げできるかはまだわかりませんが、ＦＲＢと米政府がこれ以上の金利上昇を嫌がっているのは間違いありませんし、それは日本にとって「助け舟」になっています。

その場合、日本の財務省もなりふり構わず為替介入するかもしれませんが、ドル売り・円買いの為替介入は無限にはできません。手持ちのドルが無くなったら、米国債を売って介入するしかありません。ただ、米国債を売れば、アメリカの金利はさらに上がり、金利差が拡大して余計円安になってしまう。

永濱　二〇二二年の為替介入では米国債を売っていましたよね。

エミン　二〇二四年四月、五月の介入でも一部売却したかもしれませんね。

永濱　ちなみにこの二〇二四年の二回の為替介入で、為替差益が四兆円くらい出ているはずです。

エミン　日銀は安いところで買っていますからね。

永濱 八〇～一〇〇円ぐらいで買ったドルを、一五〇～一六〇円で売っていますから。

エミン 日銀・財務省は巨大なヘッジファンドのようなものですよね。「為替介入に税金を使うな」という人がたまにいますが、為替介入には税金を使っていません。安く買ったドルを「利確」しただけです。

もう一つ、日本の財務省はアメリカの顔色をうかがっています。ドル売り・円買い介入をやる場合はアメリカの同意を得る必要があります。でも、このところアメリカの当局者からいい反応が聞こえてきません。

イエレン財務長官は四月二五日に「為替介入はまれであるべきだ」と発言しました。日本の為替介入をけん制する発言と見えましたが、日本の財務省は四月二九日、五月二日の二回、為替介入に踏み切っています。

もしかすると、この時のイエレンさんの発言は、日本向けというよりも、中国を念頭に置いたものだったかもしれません。中国は米国債を大量に売っています。不動産バブル崩壊後の中国経済を支えるため、人民元買いの介入を行っているからです。

要するに、「話がついている日本はいいが、中国はダメ」と言いたいのでしょう。

永濱 アメリカから見れば、中国のほうが余程問題でしょうね。

エミン　最初あの発言を聞いた時は「これは日本に対して言っているのだろう」と思ったのですが、その後に日本が為替介入しているので、日本の通貨当局とは話がついていたと見るのが適当でしょう。となると中国を念頭に置いていた可能性が高いと思います。

ただ、イエレンさんはその後も為替介入についてネガティブな発言を数回しました。あの発言は日本向けだった可能性があります。そもそも為替には頻繁に介入すべきではない。金融政策の変更で為替を安定させるべきです。

第三章

「インフレで借金帳消し」が政府の目的

「国民負担率の急上昇」が個人消費を痛めつけている

永濱　次に示すのは日経平均とNYダウ、ドル円のチャートです。

普通、世界の株価指数は連動して動きますが、二〇一一〜二〇一二年ごろの日経平均は、世界の中で唯一上がっていませんでした。一九八〇年代から一九九〇年代の「ジャパン・バッシング」になぞらえて、「ジャパン・パッシング」と言われていましたが、世界の投資家が日本株だけ素通りしていたのです。

ただ、二〇一二年一二月に第二次安倍政権が誕生。二〇一三年三月には日銀の白川総裁が任期満了を待たずに辞任。後任に財務省出身の黒田東彦氏が任命され、いわゆる異次元緩和政策がスタートします。

こうして「アベノミクス」が始まったことで、それまでの異常な円高・株安が是正されました。外国人投資家に対して、日本株を持たないリスクを意識させることに成功したのです。少なくともこの点だけでもアベノミクスには効果があったと思います。

そもそも経済政策の評価としては、株価が上がったという点より、雇用の増加のほうが重要だと思いますが、アベノミクスによって日本の雇用は五〇〇万人ほど増えていますので、

日経平均、NYダウ、ドル円レート
～ジャパン・パッシング解消～

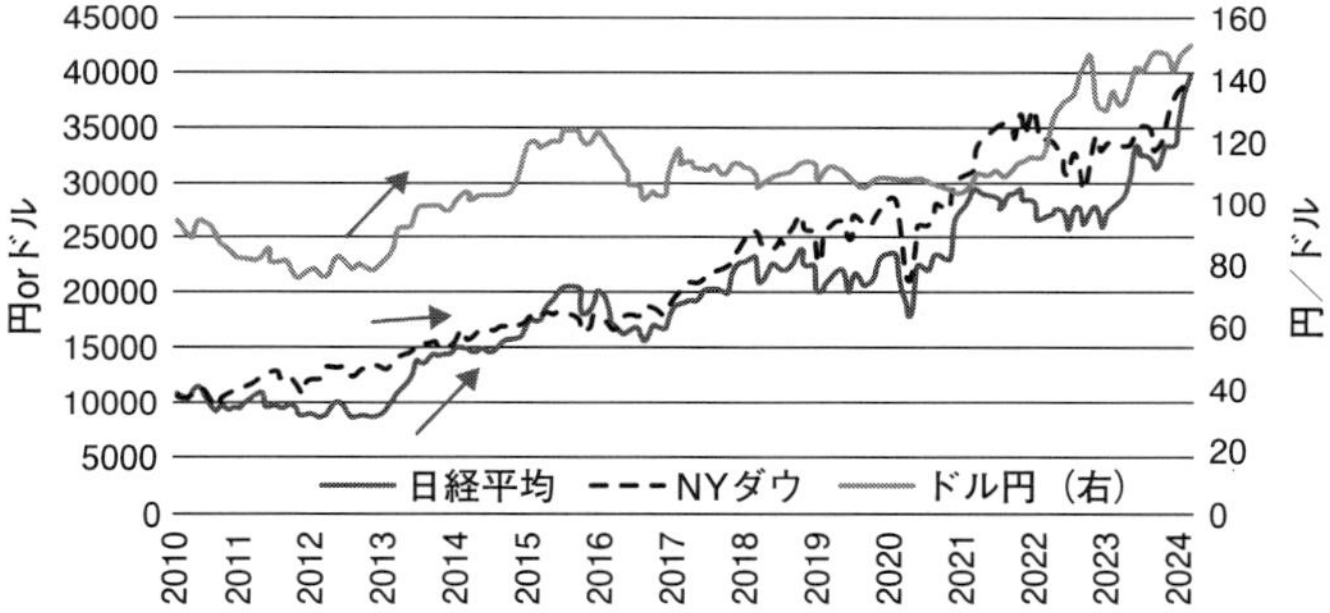

（出所）トムソン・ロイター

国民負担率の国際比較
～日本の上昇が著しい～

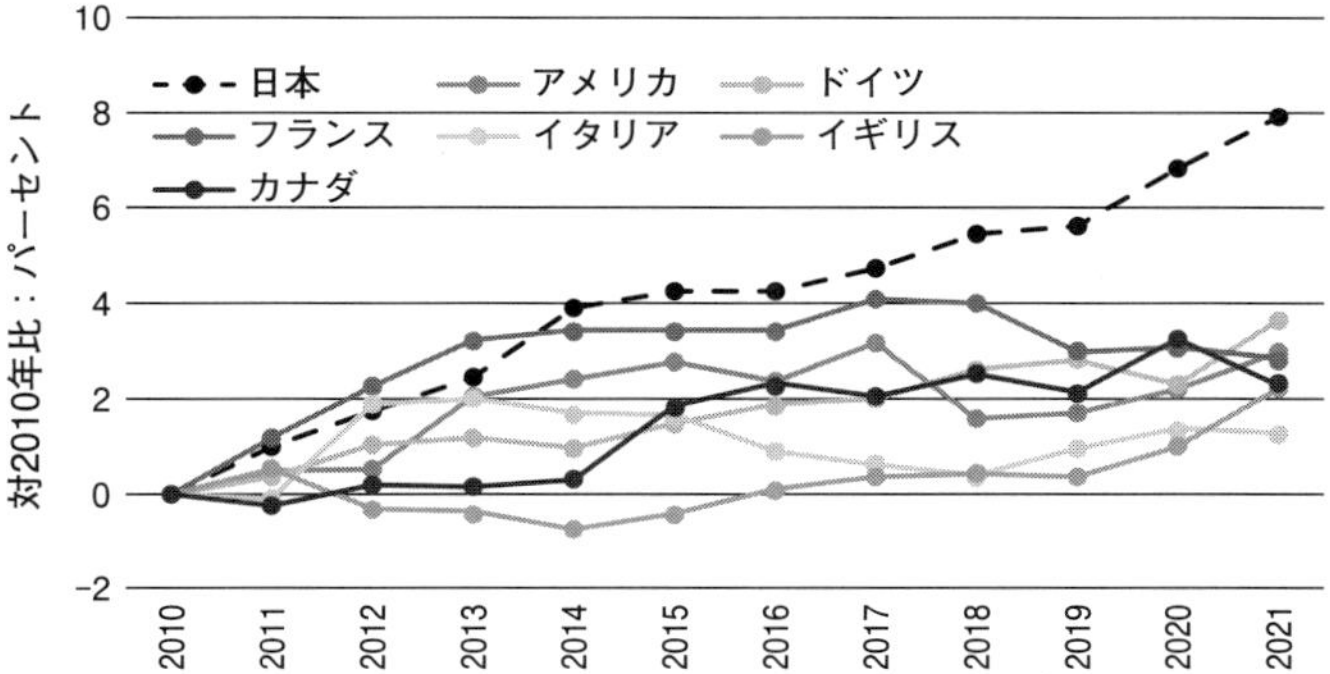

（出所）OECD

その点でも評価に値すると思います。

ただ、残念ながらアベノミクスは「三本の矢」をすべて放つ前にブレーキをかけられてしまいました。

前ページの下のグラフは、G7諸国の国民負担率の変化幅を、二〇一〇年を基準に見たものです。

一目瞭然ですが、日本の国民負担率だけダントツで上がっています。日本ではアベノミクス開始以降、消費税が二度にわたって引き上げられたほか、社会保険料負担も引き上げられました。景気が悪い中、家計にこれだけの負担を強いれば、個人消費は伸びません。日本経済が海外に劣後するのは当然というべきです。

「働き方改革」が企業をしばっている

永濱　また、アベノミクス「第三の矢」の構造改革も、すべてがうまくいったわけではありませんでした。もともと安倍元首相は「日本を世界で最もビジネスしやすい国にする」と言っていたのですが、むしろ逆向きの政策も一部で実施されていました。
かつての民主党政権時代は「産業の六重苦」と言われていました。「異常な円高」「法人税

政権と株価の関係

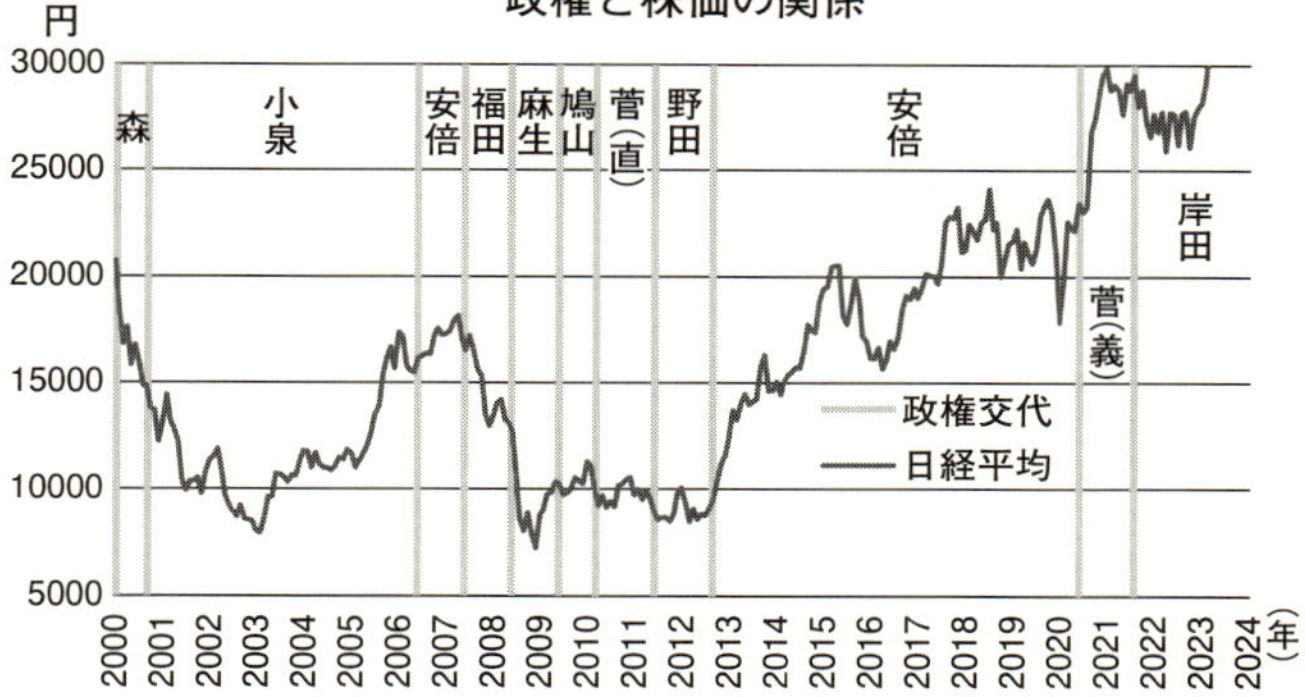

（出所） 日経

の高さ」「経済連携協定の遅れ」「労働規制の厳しさ」「電気料金の高さ」「環境規制」の六つが企業活動の重しになっていたのです。

「異常な円高」はアベノミクスで解消されました。「法人税の高さ」も、一応ドイツ並みには下げました。「経済連携協定の遅れ」については、ＴＰＰをはじめ、ＥＰＡや、ＲＣＥＰを推進し、いまや日本は主要国のトップを走っているくらいです。

ただ、「労働規制」については、「働き方改革」で労働時間規制をむしろ強化しています。「電気料金」も、解決のための「原発の再稼働」が遅れました。最後の「環境規制」については、民主党時代の「鳩山イニシアティブ」が厳しすぎましたので、その見直しを行ったことである程度の進展があったと思います。

要するに、アベノミクスの「第二の矢」の財政出動は過度な負担増でむしろマイナス。「第三の矢」は不十分だったため、「第一の矢」の異次元緩和に過度な負担がかかったということです。

前ページのグラフは政権と株価の関係を示したものですが、第二次安倍政権でいかに株価が上がったかがわかります。

経済政策を評価する上で最も重要な雇用が増えたことからしても、アベノミクス以前よりはいい方向に持っていったとは思います。

ただ、アベノミクスが日本経済を復活させたかというと、不十分だったと見るのが適当でしょう。過度な負担増を強いずにビジネス環境をもっと整えていれば、「異次元緩和」に頼りすぎずに済んだはずです。

その意味では、ここまで円安が進んだのはロシアのウクライナ侵攻が主因ですが、アベノミクスの後遺症という側面もあるかもしれません。

だからといって、いますぐ金融を引き締めるべきというわけではありません。今、拙速に引き締めると恐らく日本経済は利上げに耐えられないでしょうから。

最悪の時期に行われた「消費増税」

エミン　私もアベノミクスが間違っていたとは思いません。永濱さんもおっしゃっている通り、当時はかなり「円高デフレ」だったので。

アベノミクスは官僚組織や既得権益によって骨抜きにされたのではないでしょうか。単に金融緩和しただけに終わった印象です。そもそも異次元緩和は当初も一時的な措置とされていて、もっと早い段階で撤退すべきだったのに、ずっと維持してしまった。その結果、いまになって弊害が出始めているのでしょう。

永濱　個人消費が弱いのは、消費税を八パーセントに引き上げてからです。八パーセントに引き上げる前がピークでした。

私はなにも消費税のすべてに反対ではありません。経済環境が整っていれば増税してもいいと思います。ただ、増税のタイミングが早すぎましたし、上げ幅も大きすぎました。

消費税が導入されたのは一九八九年四月ですが、当時は日本経済も個人消費も強かった。それに、消費税を導入する一方で、物品税を廃止しましたので、増税と減税がセットで実施されました。このため、国民に大きな負担をかけていないのです。

しかし、一九九七年に五パーセントに引き上げた時は、もう事実上デフレに突入していました。このため、五パーセントへの引き上げは時期が悪かったといえるでしょう。

二〇一四年に八パーセントに引き上げた際も、アベノミクス開始から一年少々しか経っていない時期でした。政策を変えて経済に好循環が波及するまで、通常でも二～三年はかかります。しかし、日本はデフレマインドが定着していましたし、アベノミクスの好循環が浸透しきるまでにはもっと時間が必要でした。

なのに、行きすぎた円高・株安が是正され、企業業績が上がりはじめたタイミングで、物価と賃金の好循環が始動する前に政府は一気に三パーセントポイントも消費税率を上げてしまいました。

よく、ヨーロッパの消費税（付加価値税）は税率二〇パーセント以上だ、だから日本ももっと消費税を上げるべきだ、と言われますが、ヨーロッパ諸国はかなりゆっくりしたペースで税率を上げてきました。一回で一気に三パーセントも消費税を上げるのはヨーロッパの例からすればいくらなんでも上げすぎですし、上げるタイミングも早すぎました。

政府が狙う「インフレで借金帳消し」

エミン　二〇二四年前半の為替相場を見ていると、少し円高に振れるたびに、植田総裁や日銀関係者が何か言って、その動きをつぶしたのですよ。まるで意図的に円安にしているように感じた。

あと、日銀と財務省は本来協力して政策運営する立場ですが、すれ違いが目立っていました。財務省の神田財務官（当時）は、円安は日銀が利上げしないせいだ、と責任転嫁していました。一方、植田総裁は「為替は日銀の仕事ではない」という態度。そろって円安と戦おう、という風には見えませんでした。むしろ、政府の本音は「もっと円安にしたい」ではないでしょうか。

永濱　政府の最終目標は財政健全化ですが、インフレが進めば、自動的に財政の健全性は高まります。

インフレになるとお金の価値が下がるわけですが、同時に借金の価値も下がります。このため、政府の借金も経済規模対比で縮小するわけです。内閣府のマクロ経済モデルでも、円安が進んで日本がインフレになるほうが財政が改善することになっています。

日銀はマイルドなインフレによる物価安定を目指しています。円安に伴うインフレ期待の高まりは狙い通りですが、過度な円安で国内の購買力が下がるのは困るでしょう。その点で政府と日銀の考えは、大筋では一致していますが、細かく見れば少しズレがあるかもしれません。

ただ、行きすぎた円安で困るのは政治家です。円安が進みすぎると物価が上昇し、国民の不満が高まりますので、政治家は困るわけです。選挙で逆風になる可能性がありますから。

エミン　政治家からの圧力もあるのでしょうし、財務省もさすがにコントロール不能な円安は怖いんじゃないかな。

永濱　政府は国債を発行する立場ですから、市場で日本の信用が落ちて、国債を買ってもらえなくなるのを恐れすぎるきらいがあるのかもしれません。でも日銀は金融市場をコントロールする立場ですから、比較的ニュートラルに金融市場を見ている印象があります。

植田総裁の前任、黒田前総裁の時は異常な円高を是正しようという姿勢がもっと明確でした。

裏金よりインフレのほうが大問題

永濱　世界の株式市場において、日経平均株価は特に景気に敏感だと言われています。要するにボラティリティ（価格変動率）の高い市場だということです。

一方、いまのドル円相場もボラティリティが高いと思います。

エミン　高いですよね。

永濱　ボラティリティが高いと、投資家にとっては儲けるチャンスが増えるので嬉しいわけです。でも、エミンさんが言っていたように、企業経営にとってはマイナスの側面もあり、個人の生活にも短期的には悪影響があります。経済全体を考えると、為替相場が大きく動きすぎるのはやはり問題なんでしょう。

エミン　世界のFX（外国為替証拠金取引）の三分の一は日本人のお金だといわれています。「ドル円」の取引額は、「ユーロドル」に次ぐ世界二位。

私は為替のストラテジストでもあるので、ボラティリティが高くなると仕事がたくさん来るのでありがたい。でも、私は日本国籍だから、ドル円が大きく円安に振れるのを見るのはつらい。

感情的な面だけでなく、日本に住む人にとって、円安は家計を直撃する。これだけドル円のボラティリティが高いと、多くの日本人は生活が苦しくなると思います。

二〇二三年一一月に自民党の裏金問題が浮上し、岸田政権の支持率が大きく低下しました。ただ、支持率低下の理由は、裏金問題そのものではなく、円安インフレで生活が苦しくなったことにあると思います。

永濱　私もそう思います。岸田さんは「支持率低下は裏金問題のせい」と思っているかもしれませんが、それは誤解でしょう。負担増の影響のほうがよほど大きいと思います。

実質賃金は四月の時点で二五ヵ月もマイナスが続いています。つまり賃金上昇がインフレに負けているのです。家計はますます疲弊し、消費拡大どころではありません。

しかしながら、岸田政権は一時的な定額減税以外あまり家計を助ける政策をやっていません。むしろ再エネ賦課金の引き上げや電気・ガス料金の負担軽減終了、子育て支援金などといった名目で負担増の話ばかりが出てきています。国民の不満の理由はここにあると思います。

円安をもたらしたのは「キャリートレード」

エミン　ここまで円安が進む要因の一つに「キャリートレード」があります。

キャリートレードとは、金利の低い国でお金を借りて、金利の高い国で運用する手法です。金利差の分だけ確実に利益を得られるので、世界中でさかんに行われています。

いま日本の金利が各国に比べて低いので、日本円を借りて、高金利国に投資するという

「円キャリートレード」が人気です。要するに円を売って外貨に替える取引なので、円安になります。レバレッジをかけて、自己資金の何倍ものポジションを取る場合も多く、非常に大きなお金が動いています。

逆に、日銀の利上げ、アメリカの利下げによって日米金利差が小さくなれば、キャリートレードの旨味が減り、ポジションが巻き戻されます。そうなれば円相場は大きく円高に振れるでしょう。

また、アメリカ経済がリセッション入りするとか、リーマン・ショックのような金融システム危機といったリスクオフ・イベントが発生すれば、リスク資産に投資されていた資金が引き揚げられ、円高になると思います。

ちなみにこの対談の直前に四月のＦＯＭＣがあったので、パウエルＦＲＢ議長の会見を見ていましたが、少なくともアメリカの「利上げ」はもうなさそうだと思いました。

アメリカのＦＲＢは二つの使命を持っています。一つは物価安定、もう一つは雇用の安定です。もしアメリカの失業率が大きく悪化すれば、ＦＲＢは利下げに動くでしょう。

ただ、アメリカの経済指標は少しずつ悪化していますが、まだまだ強いので、いますぐ大幅に利下げできる状況でもない。

インフレは「政権交代」のシグナル

エミン　一方、日銀も当分は大幅な利上げはしそうにない。となると、大きく円高に動きにくい。行き過ぎた分の円安是正はあるでしょうが。

私は、日本経済は本当に大丈夫なのか懸念しています。日本はエネルギーや食料を輸入に頼っている。円安はそれらの価格を押し上げるので、日本の貿易収支は悪化するでしょう。

永濱さんがおっしゃっているように、円安のすべてが悪いわけではない。円安は自動車をはじめとする輸出産業にはプラスだし、インバウンド消費も活性化している。円安でアドバンテージを得る部分もあるわけです。

でも、円安インフレは家計を圧迫するので、国民の間に不満が高まる。その不満は政治にも大きなインパクトをもたらすので、今後は政権交代の可能性も出てくるでしょう。

永濱　たしかにそうですね。四月に行われた衆議院の三つの補選いずれも自民党推薦候補が敗北、代わりに当選したのはいずれも立憲民主党の候補でした。七月の都知事選では自民が推す小池百合子氏が勝ちましたが、都議補選では惨敗しています。

エミン　私の友人で、ＦＸで大損した人がいるのですが、これまで政治にまったく興味がなかったのに、その補選は投票に行くと言っていました。どの候補に入れるのか聞いてみると、「自民党が一番痛みを感じるのはどの政党ですか？」と逆に訊かれたんです。私が最大野党の立憲民主党じゃないかと答えると、「じゃあ立憲民主党に入れる」と。

要するに、補選で立憲民主党に投票した人の中には、自民党を痛めつけたいから投票した人もいるでしょう。

永濱　二〇〇九年に民主党が政権交代を果たした時と近いですね。あの時はリーマン・ショックの直後で、自民党の政権運営に批判が集まっていました。自民党にお灸を据えたいという一心で民主党に投票した有権者も少なくなかったようです。

ただ民主党の政権運営も国民の期待に応えられませんでしたので、未だに「悪夢の民主党政権」と批判されたりしています。その後、自民党は民主党政権時への批判を下支えにこれまで政権を維持してきましたが、民主党政権終了から一二年も経つと、さすがにその印象も薄れているのかもしれません。

いまは四〇年ぶりの世界的インフレが国民の生活を脅かしており、今後の政権運営次第では、政権交代の機運がこれから高まっていくかもしれませんね。

インフレで苦しくなるのは高齢者

エミン　民主党政権への失望もあって、デフレに悪いイメージを持つ人が多い。でも最近はむしろインフレで生活が苦しいので、デフレのほうがましだった、という論調も出てきています。

永濱　その見方もある意味正しいと思います。物価が上がり、賃金も上がるという「物価と賃金の好循環」が日本経済を復活させると言われていますが、私は見落としもあると思います。

次の図を見てください。勤労者や個人営業の世帯が減少したのに対して、無職世帯はこの三〇年でおよそ三倍にまで増加しています。

「物価と賃金の好循環」で得をするのは、働いて賃金をもらっている人、つまり現役世代です。

しかし、三分の一の世帯は無職、つまり年金暮らしです。

そして年金には「マクロ経済スライド」という仕組みがありますので、インフレになると年金受給額の伸びはインフレ率を下回ります。つまり、インフレになればなるほど実質の年

無職世帯の割合が増加

二人以上の世帯の世帯区分別構成比の推移

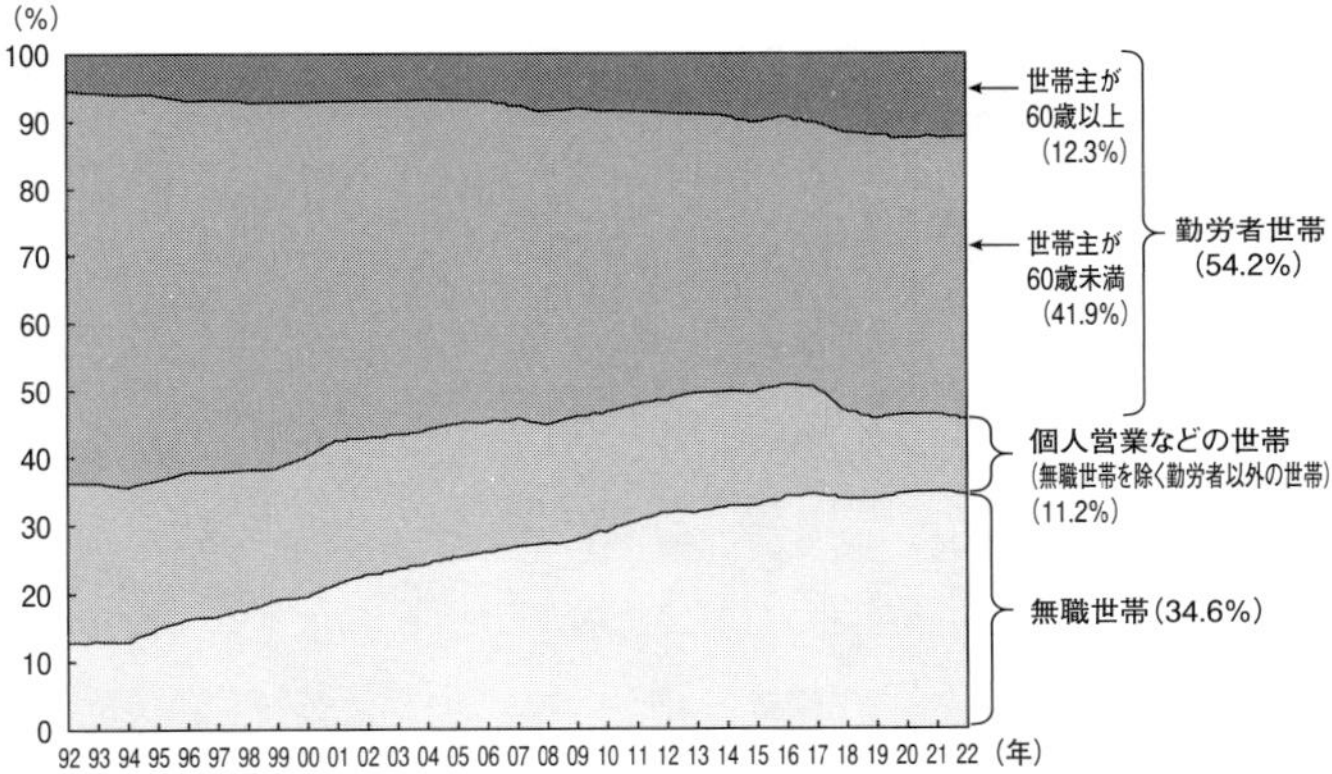

(%)は2022年平均の値

(注) 1999年以前は、農林漁家世帯を除く結果

金額が減り、年金頼りの高齢者の生活は苦しくなります。高齢者はデフレのほうがありがたいわけです。

そんな世帯が日本の三分の一を占めているわけで、この人たちは円安インフレに不満を持ちます。その不満が政治を動かす可能性があるでしょう。

エミン　その可能性は大きいと思います。ただ、いまの日本のインフレ率は三パーセントぐらいで、まだまだマイルドなインフレ。三パーセント前後のインフレは長期的に見れば日本経済にはポジティブだと思う。あくまで為替が安定していることが前提ですが。

インフレ率が三パーセント程度でも、さらに円が三五パーセントも下がれば、ダブルパンチで経済へのダメージがかなり大きくなる。年金生活の世帯はかなり苦しいと思う。

三月に行われたトルコの統一地方選挙で、エルドアン大統領の与党が敗北したのですが、理由は「年金生活者が野党に投票した」からだと言われています。

エルドアン大統領は選挙に勝つために、金融緩和とバラマキを続け、ハイパーインフレを招きました。そんなエルドアン政権に、トルコ国民も怒りの声をあげ始めたのです。

明治維新はインフレで起こった

エミン　デフレからインフレになる過程では、一時的に経済が苦しくなったり、いろいろな問題が起きると思います。私はトルコでそうした過程を目の当たりにしました。

でも根本的に「変化」は経済にとって悪いことではありません。それに日本の場合、歴史を振り返ってみても、極端なインフレはほとんど発生していないのです。

日本でハイパーインフレになった数少ない例として、江戸時代末期、明治維新前に起こったインフレが挙げられます。この時は約二〇年ほどの間に生活物価が倍になったとも言われています。

江戸時代には金と銀の交換レートが「一対四」に設定されていました。でも当時の海外では銀山開発によって銀の価格が下がり、「一対一六」になっていたのです。これに気づいた外国人が日本に「安い銀」を持ち込んで、金と交換し、海外に持ち出して儲けていました。日本から金が流出し、国内に激しいインフレが発生したのです。

この時のインフレでも、トルコと比べれば全然マイルドです。ただ、庶民の不満が高まったことが、明治維新が起きた原因の一つと見ていいでしょう。

日本社会に大きな変化が起きたのはインフレのおかげでもあった、ということ。

もちろん黒船来航とか、外圧の影響もありました。今回の自民党の裏金問題も、きっかけの一つになり得るものです。ただ現実問題として、国民の懐が苦しくなり、不満が高まらないと、世の中の秩序はなかなか変わらないのです。それは世界中どこでも同じです。

ちなみにインフレを機に政治体制を一新した国は、その後大きく躍進することが多いのです。

私にとって一番身近な事例はトルコですが、二〇〇一年にはハイパーインフレで金融危機が発生して国が破綻しそうになっていました。そこで登場したのがエルドアン政権。二〇〇二年の就任以来、最初の一〇年くらいはエルドアン大統領もまともだったので、トルコ経済も景気が良かったのですが、その後エルドアン政権が独裁化すると、ダメになってしまいました。

日本も似たようなプロセスをたどる可能性はある。明治維新後の政治体制はもう一五〇年も続いています。第二次世界大戦後に多少は変わりましたが、根本的な部分は同じ。まだまだ薩長が強かったりしますし。

永濱　安倍さんは長州ですしね。

エミン　そう、長州ですよね。要するに日本はいまだに明治維新後の政治体制を引きずっている。

そういう意味では、いまのインフレは日本が大きく変わるきっかけになるかもしれない。私は大いに期待しています。

定額減税より消費減税のほうが良かった

永濱　選挙で劣勢になっても、岸田政権がバラマキ政策をやる可能性は低いでしょうね。

エミン　そう思います。安倍さんのようなキャラが強い政治家なら、バラマキをやって解散総選挙をしかけたかもしれませんが、岸田さんは財務省に対して何も言えないでしょう。まあ、そもそもバラマキはインフレを加速させるので、いまやってもあまり意味がない。

永濱　そうですね。仮にバラマキをやるとしても、やり方を考えないといけないでしょう。六月から岸田政権は所得税の定額減税を実施しますが、仕組みに問題がありますので、景気を押し上げる効果は限定的だと思います。同じお金を使うなら、一時的な減税よりも将来の増税をやめるために使ったほうがまだましだったと思います。

定額減税はとにかく仕組みが複雑で、所得が低い人は減税時期も先送りされますので、景気対策、物価高騰対策になりにくいでしょう。それよりは、迅速に実施可能な給付金のほうが家計の助けになったでしょう。

このため、「減税」にこだわったのは増税イメージの払拭のためだと言われても仕方ないでしょう。

どうせ減税するなら、消費減税のほうが理にかなっていたと思います。生活必需品は軽減税率が適用されていますが、その軽減税率八パーセントを非課税にするなどであれば、低所得世帯への効果的なサポートになったでしょう。

ただ、消費減税については政治的なハードルがあまりにも高すぎたのでしょう。このため、実現可能な唯一の家計向け減税ということで、「定額減税」にしたのだと思われます。

国民の実感は「インフレ率一四〜一六パーセント」

永濱　円安を止めるために、もっと政府がリーダーシップを発揮すべきというエミンさんの意見もわかります。ただ、アメリカでインフレと高金利が続いているのに、日本だけの政策変更で、円安を止められるのかという問題もあると思います。

アメリカのインフレがある程度収まって利下げが始まるまで、この状況が続くのではないでしょうか。

いま日本がやれる方策として、「為替介入」があります。つい先日の四月二九日、五月二日、財務省・日銀は為替介入を行い、一時一ドル＝一五一円まで円高になりました。

一方、日銀の利上げはまだまだ時期尚早でしょう。二〇二四年の春闘では平均賃上げ率が五・一パーセントと大幅に上昇しました。「物価と賃金の好循環」が起こりつつあるのはたしかで、個人消費が増えてくれれば日銀も利上げに動きやすくなります。

ただ、残念ながら個人消費は四半期で見て四期連続で下がっているのです。

エミン　逆に円安が個人消費の足を引っ張っているという面もあると思います。

日本のＧＤＰの内訳を見ると、内需が弱いのは明らかです。企業はインフレで値上げしているので、企業の売上高や利益は上振れしやすい。でも実質賃金が上がっていないので、値上げした分、個人消費が冷え込んでしまうのでしょう。

たしかに二〇二四年は賃上げムードが高まっていますが、国民が実感しているインフレ率はもっと高いのです。日銀が四月に発表した「生活意識に関するアンケート調査」によると、国民の「実感の物価上昇率」は年率一四・二パーセント。前回調査の一六・一パーセントは下回りましたが、日本の三月の消費者物価指数の上昇率二・六パーセントを大きく上回っています。

つまり日本の消費者の「実感」では、公式統計を上回る一四〜一六パーセントもの激しいインフレが起きているわけです。

もちろん、本当にそんなに激しいインフレが起きているわけではありません。あくまで実感ベースの話です。

実際、日本の家賃はあまり上昇していません。東京の新築マンション平均価格が一億円を超えたと話題になりましたが、それは分譲マンションの話であって、家賃自体はそんなに上がっていないのです。

では、なぜ国民は激しいインフレと感じているのでしょうか。「一六パーセント」という数字は、恐らく食料品や日用品の価格上昇を踏まえているのだと思います。ここ一年で二〇パーセント以上値上がりした食料品や生活必需品がたくさんあるからです。

普段よく見る生活必需品が値上がりしているせいで、印象が悪いというか、実態以上にインフレだと感じるのでしょう。

そうした意味でも、消費減税は有効だと思う。

増税で得をするのは政府だけ

永濱　実質賃金がほんの少し上がったくらいでは、消費はあまり増えてくれません。その程度だと普通は貯蓄に回るからです。

本当に消費を増やすには、それこそお金を使った人のほうが得をするくらいの政策をやらないと難しいと思います。

韓国では、キャッシュレス決済した分を所得控除するという政策を実施しました。その結果、韓国のキャッシュレス決済率は約九五パーセントまで上がりました。

この政策をそのままやれというわけではないのですが、こんな風に、「お金を使うほうが得をする」という政策をやらないと、国内の消費はなかなか伸びていかないでしょう。

企業が対象ならこういう政策の実施は容易です。企業は税金を申告していますので。しかし日本の一般的なサラリーマンは確定申告をしていないので、控除手続きも容易でないという問題もあります。

エミン　企業に対してはそういう政策を進めていますよね。交際費の上限が五〇〇〇円から一万円に増えていますが、もう少し増やしてほしいですね。

永濱　おっしゃる通りです。

エミン　個人がお金を使わないなら、企業が使えばいいわけです。会社の経費にできるなら、節約が好きな日本人もお金を使います。それを狙って、企業の経費にできる項目をもっと増やせばいい。どうせ経費として使ったお金は国内経済に回るのですから。

日本人のお金が国内に戻ってくる

永濱　よく「どうしてインフレのほうがいいんですか」と質問されるのですが、日本の経済が「鎖国」されていて、お金が国内だけで回っているなら、インフレでもデフレでもあまり変わらないかもしれません。

ただ、日本はエネルギーや食料などを海外に依存しています。このため経済的に「鎖国」

はできません。となると、日本円は海外のインフレに負けないくらいの購買力を維持しなければならなくなります。

ただデフレだと、国内の物価も賃金も上がりませんので、海外と比べて購買力の面で後れをとり、日本人はどんどん貧しくなってしまいます。

エミン　そうそう。

永濱　そういう意味で、少なくとも海外から大きく劣後しない程度のインフレは必要だと思いますね。

エミン　もう一つ、リパトリエーションにも期待しています。先に永濱さんもおっしゃっていましたが、リパトリエーションとは企業が海外で稼いだお金を国内に戻すこと。日本企業が海外で稼いだお金はこれまで海外で再投資されることが多かった。でも円安が進んだので、企業はドルなどで持っているお金を円に戻すだけで利益を得られます。

外資が日本に直接投資する流れに乗って、日本企業が国内投資を増やせば、円安を食い止め、日本経済を活性化させるでしょう。

政府は企業がリパトリをすると減税する政策を検討していると聞いています。

永濱　財務省の国際収支に関する懇談会で提案されていたことなどから、骨太方針で円安対策としてリパトリ減税などに関する内容が盛り込まれるとの観測もありました。しかし、残念ながらその発表はありませんでした。

かつて、ある政治家の先生にリパトリ減税を提案したことがあるのですが、財務省からはひと言「下品な政策」と一蹴されたそうです。

エミン　財務省の人に減税と言ってはいけませんよ（笑）。

第四章

「トランプ再選」と「第三次世界大戦」

「トランプ大統領誕生」でインフレが再燃か？

永濱　「希望的観測」ではありますが、世界のインフレはこれから少しずつ落ち着いてくると思います。特にEUのインフレ率はかなり下がってきましたので、ECB（欧州中央銀行）は二〇二四年六月六日の理事会で〇・二五パーセントの利下げを決定しました。ユーロ圏の景気はアメリカより悪いため、利下げを急ぎたかったのでしょう。

一方のアメリカ経済も、小売売上高やISM製造業景況感指数などで、市場予想より悪い数字が出てきていますので、景気が鈍化してきた可能性は高いでしょう。

ただ、アメリカ経済の行方は、二〇二四年一一月の大統領選の結果に左右されると思います。

トランプ氏が勝てば、インフレが再燃する可能性が高まります。トランプ氏はFRBに金融緩和を迫るでしょうし、移民排除政策を実施すれば、アメリカ国内の人手不足が悪化して、賃金の伸び加速がインフレ率を押し上げるリスクが高まります。トランプ氏の掲げる政策はインフレ促進的なものが多い印象です。

前回のトランプ政権時にはそれほどインフレになりませんでしたが、それは、世界経済の状況が違ったからです。当時はグローバル経済真っ盛りで、原油や半導体の供給不安もありませんでした。世界中から最も安いものを探して買うことができましたので、非常にディスインフレ的な状況だったのです。

コロナ禍とロシアのウクライナ侵攻で世界は一変しました。コロナ禍でサプライチェーンの再構築が求められ、米中対立の激化でブロック経済化が進んでいます。要するに、グローバル化の巻き戻しが進んでいるわけです。

その結果、インフレが高まりやすい状況になっています。そのため、前回のトランプ政権時と同じ政策でも、今度はインフレを加速させる可能性があると思います。

もちろん中国経済も影響してくるでしょう。アメリカのイエレン財務長官は、中国が過剰な生産能力を持ち、世界中に安すぎる商品を輸出するのを警戒している、とコメントしています。その後、アメリカは中国製EVなどの関税率を引き上げました。

「インフレ率三パーセント」が当たり前になる

エミン　私はアメリカのインフレは落ち着いてくると思います。アメリカはコロナ禍で国内に莫大な「バラマキ」をやりました。そのせいでアメリカの超過貯蓄は一時二・一兆ドルもあったのです。二〇二二年からFRBが金融引き締めに動いても、アメリカの景気がずっと強かったのは、おそらくこれが原因の一つです。

ただ、アメリカ人は消費意欲が強く、あまり貯蓄しないことで有名です。先ほどの二・一兆ドルもの超過貯蓄が、今年三月にゼロになったとサンフランシスコ連銀が公表しています。クレジットカードの延滞率も急上昇しており、アメリカ人の消費が冷え込んできているのは間違いない。その意味でも、アメリカのインフレにはブレーキがかかってくるでしょう。

ただ、長期的にはインフレの時代がまだまだ続くと思います。アメリカと中国の対立で、世界はブロック経済に向かっています。これからは海外の安い製品を自由に輸入する時代ではなくなる。だから長期的なインフレ傾向は今後も続くと思います。

中国は不動産バブルの崩壊に苦しんでいます。中国の各地に使い道のないビルを建てまくりましたし、国策として国産EVに多額の補助金を出して保護したものの売れなくなったので、大量のEV在庫を抱えている。中国はデフレを避けるためにこれらをなんとか輸出したいわけです。

そうはいっても、アメリカをはじめ西側の国々は、中国が安すぎる製品を大量輸出するのを望んでいません。バイデン政権は中国製EVに一〇〇パーセントの関税をかけると発表、EV用バッテリーの関税も七・五パーセントから二五パーセントに引き上げました。

これから中国製品にはもっと関税がかけられるでしょう。それを踏まえると、やはり世界的なインフレが今後も続く。インフレ率三パーセントぐらいが当たり前になるでしょう。

そうなった世界で最も割を食うのは中間層・低所得層です。収入がインフレに追いつかない可能性があるからです。

結果、インフレで貧しくなった人たちが、政治に不満を表明することで、政治が大きく動く時代が来ると思っています。

アメリカ大統領選でトランプ氏が優勢なのも、インフレに不満を持つ中間層・低所得層の支持を集めているからです。アメリカでも日本でも、インフレが政権交代の機運をもたらすでしょう。

アメリカの財政は悪化している

エミン 世界の中央銀行は利上げに動き、インフレと戦っていますが、政治家は別です。いまインフレと徹底的に戦っている政治リーダーは世界中を見てもほとんどいません。民主主義国の政治家は、基本的にバラマキ・金融緩和をやりたいし、インフレで国の債務が目減りするほうが嬉しい。

アメリカ大統領選で誰が当選しようが、この点では同じでしょう。

永濱　その通りだと思います。これまでは、できるだけ民間の競争に任せて政府はできるだけ関与しないのが望ましいとされてきました。いわゆる新自由主義的な産業政策です。

ただ、経済安全保障や格差問題など、民間では解決できない課題に直面し、政府主導で対応する「大きな政府」的な政策、要するに積極財政的な政策が目立っています。

今回、アメリカが利上げしたにもかかわらず、景気が悪化しなかった理由として、エミンさんがおっしゃった超過貯蓄の影響もあったと思います。それに加えて積極財政的な経済政策で景気が底上げされていた面もありました。

その結果、アメリカの財政がかなり悪化しています。アメリカの二〇二三年の財政赤字は対GDP比で約八・八パーセントとかなり大きいです。もちろん、財政赤字拡大はインフレを押し上げる方向に働きます。

インフレになると、通貨の価値が減少しますので、貯金も借金も目減りすることになります。このため、インフレが続けば政府債務の実質的な負担は軽減することになります。

世界の先進国の中には多かれ少なかれ債務に苦しんでいる国もありますので、ひそかにインフレを歓迎している国もあるかもしれません。

富裕層はインフレでも困らない

エミン 私はポーカーをするために、ちょくちょくアメリカに行くのですが、アメリカの物価はやはり高いと感じます。アメリカ人自身にも物価が高いという認識がある。物価にあわせて賃金も上がっていますが、富裕層以外の普通のアメリカ人の生活はかなりキツイと思います。だからいま、政治的な混乱が起きている。

富裕層にとってインフレは問題ではありません。物価が上がったところで、彼らは好きな物を買えます。それに、富裕層の持っている株や不動産などの資産の価値は、インフレによって上がるからです。インフレが直撃して困るのは資産を持っていない人です。

永濱さんからもアメリカがインフレだと、日本もインフレになるという話がありましたが、逆に、日本が金融緩和を続けているせいで、アメリカのインフレが続いているという側面もあると思います。あくまで予想ですが、日銀が利上げするまで、アメリカのインフレは落ち着かないかもしれない。

世界の中央銀行が引き締めに転じている中、日本が最後の砦となっている。アメリカの株価や景気が持ちこたえているのも、日本が金融緩和を続けているからだと思います。

逆に、日本がインフレに耐えられなくなり、金融引き締めに舵を切った途端、アメリカの株価は崩れるでしょう。そうなるとアメリカは本格的に景気後退局面に入り、デフレ圧力がかかって、インフレは落ち着いてくると思います。

アメリカのＦＲＢは金融引き締め中のはずですが、さまざまなマクロ統計を見ていると、アメリカの金融環境は緩和的で、マネーが増えている。

株価についても、いまだにリスクを取って、大きくレバレッジをかけたトレードが横行している。それを見る限り、金融引き締めの効果はあまり出ていない。

金利を五・五パーセントという高い水準まで引き上げたのだから、本来、インフレ率は二パーセントを下回っていてもおかしくない。そうなっていないということは、要はまだ引き締めが足りていないのです。本気でインフレ率を二パーセント以下に下げたいなら、アメリカは逆に利上げしないといけない。

永濱　アメリカは景気が過熱していますので、本当はより財政引き締め方向に動くことが経済学的に理にかなっていると思います。ただ、二〇二四年一一月に大統領選を控えていますので、財政を引き締めすぎて景気を悪化させてしまうと、現政権の民主党の勝利が難しくなってしまうでしょう。

そもそも、バイデン政権自体が、積極財政に好意的です。財務長官のイエレン氏は、いわゆる「高圧経済」政策の象徴的な人物です。「高圧経済」とは簡単に言えば、経済の過熱状態を容認して、経済の潜在成長力を高めるという政策です。

要するに、アメリカはインフレで金融は引き締めていますが、財政の面では供給力を高めるために歳出を拡大し続けているわけです。だから、アメリカのインフレ率は下がりにくくなっているのでしょう。

さらに、エミンさんがおっしゃったように、日銀の影響もあるかもしれません。今後日銀がどれくらい金融を引き締めるか、それ次第ではアメリカの景気にも影響が出るかもしれません。

エミン　アメリカは景気・株価を維持したままインフレを抑制する、いわゆるソフトランディングを模索しています。ただ、これはそもそも無理な話です。景気がいいままならインフレ率は下がりませんし、そもそも利下げの必要もありませんから。

パウエルFRB議長も、前議長のイエレン氏も、イエレン氏のさらに前の議長のバーナンキ氏も、みんなウォール街の出身者。できるだけ株価を吊り上げようとしてくるのです。

欧米は中国製EVの台頭を許さない

エミン　アメリカが中国製のEVへの関税を引き上げました。これに対して中国も何らかの報復措置を取ってくるでしょう。

アメリカのテスラも中国に工場を持っていますが、これはメイド・イン・チャイナなので、中国は関税をかけられませんが、テスラへの締め付けは強化しています。

もともと中国はテスラの技術をパクって、国内のEV産業を育成してきました。その上、国内企業だけに徹底的に補助金を出して、テスラを追いかけようとしている。アメリカの関税引き上げは、こうした中国の動きに対する報復措置です。まさに一九八〇年代後半の日米半導体摩擦を彷彿とさせる動きです。

当時、インテルや、テキサス・インスツルメンツといったアメリカの半導体企業は、アメリカ政府に対してロビー活動を繰り広げ、対日措置を講じるよう圧力をかけました。日本を何とかしなければ、我々は優位性を失ってしまうと訴えて回ったのです。

それと同じことが起きています。テスラを含むアメリカのEV産業は、アメリカ政府に対して、中国製ＥＶを何とかしないと競争に負けると圧力をかけている。同じことはヨーロッパでも起きています。日本で起きているかはわからないですが。

こうした動きがいずれ結実すると思いますので、欧米は中国製ＥＶの台頭を許さないと見ています。

それに対し、中国も報復措置を模索するでしょうが、アメリカは中国に自動車などの工業製品をあまり輸出していません。となると、中国が報復関税をかけてくるのは、日本とかドイツの製品になるでしょう。両国は中国でまだまだ自動車を売っていますから。

アメリカが中国に売っているのは、牛肉などの食料品が多い。この手のものは、多少高くても輸入せざるを得ない必需品なので、関税をかけても意味がありません。

アメリカは中国との貿易摩擦で失うものがあまりない。一方、中国は失うものが大きい。そこが大きな違いです。

いずれ中国はｉＰｈｏｎｅを締め出す

エミン　世界は間違いなくブロック経済の方向に進んでいます。もちろん、ブロック化のスピードが速いセクターもあれば、遅いセクターもある。ただ、方向は同じです。

アメリカと中国がやっていることは基本的には同じです。お互いに自国へのダメージを減らそうとしているだけ。中国の場合、時間を稼ぎつつ、アメリカ以外の市場を開拓しようと躍起になっています。

もう一つ、中国は脱ドル化を図っている。ドル資産を減らし、ドルでの決済を減らして、アメリカが支配する金融システムへの依存度自体も減らそうとしている。私たちはそんな世界の劇的な変化、過渡期の真っ只中にいるのです。

ＩＴの分野でも米中分断が進んでいます。中国はいずれｉＰｈｏｎｅを締め出すかもしれません。そうなるとアップルの業績にはかなりマイナスです。

そもそもアメリカ製のアプリは中国では使えません。アメリカは中国による締め出しにこれまで寛容でしたが、中国製のアプリＴｉｋＴｏｋについては禁止する方向に進んでいます。

これについてはアメリカの言い分に理があると思う。中国がアメリカ製アプリを締め出すなら、こちらも中国製アプリをアメリカから締め出すぞ、ということですから。

ＴｉｋＴｏｋは若者を中心に影響力がある。その意味でＴｉｋＴｏｋを許すと、中国にアメリカ世論を操作されてしまう、という問題もある。

とくに、イスラエルによるガザ地区攻撃について、アメリカのSNSでは報道が規制されたり、イスラエル寄りの報道が多いですが、TikTokではハマス寄りのコンテンツがたくさん流れている。これもTikTok禁止につながったのかもしれません。

永濱　アメリカの対中貿易額は、二〇二三年に前年比一六・七パーセント減と、急速に減っていますので、米中対立はアメリカ経済にもマイナスの影響を及ぼすでしょう。

ただ、アメリカよりヨーロッパへの影響が大きいかもしれません。ヨーロッパは中国との結び付きが強くなっていますから。

日本も中国と地理的に近く、経済の関係も強いですから、米中分断の影響を受けやすいと思いますが、日本の場合はむしろ利益を享受する側面もあります。

今後、中国からiPhoneが締め出されるという話もありましたが、米中分断で生産拠点の分散が進めば、日本国内にも入ってくる可能性があります。この点では、円安で日本の立地競争力が高まっていることも後押しするでしょう。

もはや先端企業は中国人を雇わない

エミン　アパレル、縫製業であれば技術的なハードルが低いので、世界のどこでも工場をつくれますが、半導体の工場の場合そうはいきません。

そもそもアメリカにとって信頼できる国でなければならない。中国の息がかかっていて、技術を盗まれたり、いざという時に稼働が止まるようではダメ。となると半導体工場は日本に持ってくるのが一番いいわけです。

半導体工場だけでなく、データセンターについても同じことが言えます。このところ、オラクル、マイクロソフト、グーグルと、海外IT企業が日本にデータセンターをつくる話が続いています。これを見る限り、日本を拠点にしたいという意図がはっきりしています。

これらはいわゆるFDI、日本への直接投資です。日本にとって海外からお金も人も技術も入ってくる、大変ありがたい話です。日本にとって米中分断のメリットは非常に大きいと思う。

ただ、日本はいま少子化で人口が減少し、人手不足に直面しています。この問題をどう解決するかがカギになるでしょう。

日本政府は、本音ではもっと移民を入れて、低コストの労働力を確保したいのでしょう。ただ保守派の反発もあるし、政府全体では賃上げを目指しているので、その方針とも矛盾してしまう。そもそも円安だと外国人が日本でもらえる給料が目減りするので、日本に来るメリットが薄れる。現状、移民労働力の大量導入は簡単ではないでしょう。

永濱　中国には日本で働きたい若者がたくさんいると聞きます。国内経済が悪いことで、若年層が職につきにくいこともあるようです。

エミン　中国人の労働力を安く手に入れられるとしても、彼らを信用できるかどうかが問題です。普通の会社ならまだしも、先端技術を扱う会社や、半導体企業の場合、中国人を雇用するのは難しいでしょう。中国人を差別するわけではありませんが、実際、産業技術総合研究所の中国人研究員が、二〇一八年の中国企業への研究データの流出により、二〇二三年に逮捕されています。

永濱　技術流出のリスクを考えると難しいでしょうね。

エミン　日本の半導体企業はまだまだ中国人の割合が比較的大きいのですが、アメリカ、特にシリコンバレーでは大きく減っている。

この点でも、アメリカと中国はもはや臨戦態勢に入っていると思います。日本はむしろまだのほほんとしているのです。

永濱　二〇二一年から先端技術研究の留学生に対して入国審査を厳格化していますが、日本の対策はまだまだですね。

インドは「次の中国」ではない

エミン　米中分断でこれからインドの時代が来る、という予想を目にします。インド株投資をすすめる人も多い。実際に私も二〇一八年からインド株投資の魅力を主張してきました。ただ、私は「次の中国」はインドではないと思います。

まず一つ目の理由として、中国の場合はよくも悪くも政府が決めたことに国民が従います。昔の日本や韓国も同じです。ただ、インドは上が決めたことに黙って従う国ではありません。

インドは中国と違い、民主主義国家です。州ごとに自主性があり、さまざまな民族がいて、宗教的な分断も存在します。非常に多様性のある国で、中国のようにトップダウンで物事が進む国ではありません。

もう一つの理由は、インフラの問題です。たとえば半導体をつくるにはきれいな水が必要ですが、それはインドに一番足りないもの。

こうしたことを考えると、中国の代わりにインドが世界の工場役をやるのは、現状ではまだまだハードルが高いと思います。

インドは中国との関係が悪いので、対中国では西側諸国と同調しています。でも、インドは自分たちを西側の同盟国とは思っていません。

インドは「自分たちは第三軸だ」という意識が強い国です。グローバルサウスという言葉がありますが、もともとは「第三世界」と呼ばれていました。「第三」とは、アメリカなど「西側」にも、旧ソ連や中国など「東側」にも属さない、という意味です。この表現自体がそもそもインドを念頭に置いたもの。インドは「自分たちこそ第三世界のリーダーだ」という意識を強く持っている。そのため、西側に同調せず、独自のスタンスを取ることも多いのです。

今回のロシアのウクライナ侵攻についても、インドは対ロシアの経済制裁には参加していません。むしろ、ロシア産の原油や武器などを輸入し続けている。つまり、インドという国を全面的に信用することはできないのです。

インドでビジネスをするには、西側とはまったく違うノウハウが必要になります。

日本には自動車メーカーがたくさんありますが、インドで成功したのはスズキ一社です。なぜスズキだけが成功したのでしょうか。

スズキはもともと、自動織機、つまり織物を織る機械をつくっていました。戦前には東南アジアやインドにも輸出していて、そのころからインドで仕事をするノウハウを蓄積していました。だからスズキだけインドで成功したのです。

それくらいインド人とのビジネスには特殊なノウハウが必要ということです。アメリカにはインド系の人がたくさんいるので、アメリカの企業は対応力を持っているかもしれません。ただ、一般的な企業にとって参入が難しい国であるのは間違いありません。

ただ、インド経済は今後発展するとは思います。対中国の観点で、アメリカなど西側諸国もインドの発展を望んでいます。ただ、インドが中国のように世界の覇権をうかがう存在になるかというと、当面はムリだと思います。

韓国製造業の給料は日本の一・五倍

永濱　私はそれこそ、日本が中国の役割を一部代替できると思っています。

エミン　私もそう思います。

永濱　私は二〇二四年の年明けに台湾へ行ってきました。日本では台湾のTSMCの熊本工場の給料が大卒初任給で二八万円とかなり高いと話題になりましたが、台湾の人に聞くと、むしろ熊本工場の給料が安くてびっくりしたと言っていました。

台湾では院卒の優秀な人材だと、社会人一年目で年収九〇〇万円くらいいくそうです。もちろん成果主義的な給与体系の影響もあるかもしれませんが。

私も驚いたのですが、主要国の工場従業員の給料を比較すると、日本の給料は韓国の三分の二程度です。円安の影響もあるとは思いますが、それにしても日本の給料は安すぎると思います。同じ人が韓国で働けば一・五倍もらえるわけですから。

ただ逆に言えば、それくらい人件費が割安なわけです。だから日本に工場を持ってくると、コスト面では非常に有利なわけです。

かつ、日本は人材育成に力を入れはじめています。ＴＳＭＣ熊本工場の影響もあると思いますが、熊本大学には半導体デバイス工学課程が新設されました。また、九州各地の高専でも半導体教育を拡充しています。日本の教育現場全体を見ても、理系人材を増やそうという機運が高まっています。

これらを考えると、半導体の製造は日本が代替できる余地は広がるでしょうし、アメリカもリスク分散の面からそれに期待していると思います。

そもそも、円安はアメリカにとっても好ましくありません。日本からの輸入が増えて貿易収支が悪化しますので。にもかかわらず、アメリカがあえて円安を容認しているのは、日本が中国に代わりハイテク製品の生産拠点になることを期待している側面もあるのではないでしょうか。この動きが、日本経済復活のきっかけになると思っています。

「トランプ当選」は円高を後押し

永濱　ただトランプ氏が大統領に当選すると、こうした流れが変わる可能性があるでしょう。

トランプ氏はバイデン政権が円安を放置していると批判していました。トランプ氏が当選したら、何か対応してくる可能性がありますので、短期的には円高に振れるかもしれません。ただ、ハイテク製品の生産拠点になれる条件をかなり日本は揃えていますので、それでも見通しは明るいと思っています。日本人はなんだかんだ言って、ものづくりが得意ですからね。

エミン　そうですね。

永濱　自動車産業はもともとアメリカで発展しましたが、そのアメリカでも、日本の自動車メーカーにはかなわなくなりました。日本の強みである現場のすり合わせ力とか、トヨタのカンバン方式に代表される緻密な在庫管理や生産管理がいかに凄いかということでしょう。

もちろん、アメリカは金融やＩＴ等の分野では強みを発揮しています。しかし、ものづくりの分野では日本の農耕民族的なＤＮＡが強さを発揮するのかもしれません。日本人はよくも悪くも真面目で勤勉だから、少しくらい賃金が安くても、我慢してコツコツ働く人が多い傾向にあるとする向きもあります。

もちろん、それがマイナスに働く面もあると思います。条件が悪くてもみんな我慢してしまえば、大きな変化が起きにくくなります。日本がなかなか変われない原因はそこにもあるかもしれません。

たとえば日本では「公的年金の支払い期間が六五歳まで延長されるかも」という話題が持ち上がって批判する向きもありますが、日本人の反応は穏やかなほうです。これが海外であれば、大規模な暴動に発展している可能性もあるでしょう。実際、フランスでは二〇二三年に社会保障の負担増がアナウンスされると、全土で激しい抗議活動が行われました。日本でこういうことは起こりにくいわけです。

エミン　たしかに。

永濱　それを考えると、当面はものづくり回帰というか、ハイテク製品の生産拠点として稼いでいくのが景気復活の一番の近道だと思います。

もちろん、金融やＩＴを含むサービス産業を伸ばしていくことも日本経済の課題ではあります。ただ、世界的に見て、金融やテックで成功している国はアメリカぐらいなもの。それ以外の多くの国でも普通に経済成長していますから、金融・テックにこだわる必要はないと思います。

トランプはシェールオイルを増産する

永濱　もしトランプ氏が大統領になったら、日本に別の追い風が吹くかもしれません。トランプ氏はバイデン政権の再生可能エネルギー普及策に批判的です。彼が大統領に当選したら、政策を転換し、むしろシェールオイルの増産をめざすのではないかと思います。

それ以外にも、トランプ氏はＥＶを目の敵にしていますので、欧米で進むガソリン車規制を巻き戻すかもしれません。地球環境対策の面では後退ですが、ハイブリッド車を得意とする日本にとっては追い風になるかもしれません。

エミン　トランプ再選には、ネガティブな面とポジティブな面の両方がありますね。

トランプ氏は一度政権を取っているので、何をやってくるかだいたい予想できる。その意味で大きなサプライズにはならない。私はトランプ再選をそれほど悲観的には見ていません。

トランプ氏が有権者に対して何を言おうと、実務を担当するのは彼のスタッフです。かつてのトランプ政権を見ても、結局、彼ら側近たちがうまく調整して辻褄をあわせてくる。

そもそも、アメリカは長期的な戦略に沿って動く国。大統領が変わっても戦略はあまり変わらないでしょう。実際、トランプ政権で始めた対中関税はバイデン政権になっても続いています。移民政策も実はそう大きく変わっていないのです。

もちろんトランプ再選でネガティブな影響もあるでしょう。短期的に円高になったりするかもしれません。日本製鉄がアメリカの鉄鋼会社のＵＳスチールを買収しようとしていますが、トランプ氏は買収反対を明言していますので、これにストップがかかるかもしれない。

しかし、大きい視点で見れば、トランプ再選で流れが大きく変わることはないでしょう。

トランプ氏との交渉は難しい仕事でしょう。前回トランプ政権時も日本政府は交渉に苦労していたと聞きます。トランプ氏はトップダウンで決めたがるから、官僚同士の根回しで物事を進める、日本が好むやり方が通用しない。「サラリーマン社長」と「オーナー社長」ではビジネスのスタイルが違うのです。

安倍元首相はトランプ氏とうまく付き合っていましたが、強いリーダーのいない自民党がどう付き合うか気になるところです。
安倍さんは強いリーダーでしたが、岸田さんはそういうタイプではありませんでしたし、次の総理にも安倍さんほどのリーダーが出てくるか疑問です。この点でも日本は対応に苦労すると思います。

アメリカは台湾を見捨てない

永濱　トランプ再選でアメリカが国際紛争から手を引く、というシナリオをマーケットは恐れています。アメリカがウクライナ支援を減らせば、ロシアが勝利する可能性も高くなります。ただ、そうなれば「侵攻したもの勝ち」になりますから、戦争を仕掛ける国が増える観測が強まります。当然、台湾有事に対する警戒も高まるでしょう。

エミン　トランプ氏は台湾を守ると明言していません。むしろ、台湾のせいでアメリカの半導体産業が蝕まれていると、敵視するような発言さえしています。中国側が「トランプ政権は台湾を守らない」と判断し、台湾侵攻を実施する、というシナリオに現実味が出てしまうわけです。
ただし、トランプ氏の発言はあくまで有権者向けのもの。トランプ政権が現実に実施する政策はまた別だと見たほうがいいでしょう。

前回のトランプ政権時のスタッフを見ると、特に外交チームは共和党のタカ派で占められていました。次のトランプ政権でも、アメリカの「台湾を守る」方針は結局継承されると思います。

むしろ、トランプ氏がやってきそうなのは、危機に乗じて日本などにアメリカ製の兵器を売りつけてくることでしょう。前回政権時はアラブに対してたくさん武器を売っていました。

いま日本は台湾有事を見据えて防衛予算を大幅に増やしています。ただ、予定外の円安で、海外の兵器が値上がりし、予算が足りなくなっているとか。そんな問題があっても、日本はアメリカ製の兵器をこれからもっと買うことになると思います。ミサイル防衛システムなど、日本は防衛力強化が必須ですから。

ロシアのウクライナ侵攻や、イスラエルによるガザ地区侵攻作戦を見ても、アメリカにはもう二正面作戦を遂行する力がないのは明らかです。アメリカもそれをわかっている。だから、ドイツと日本に対して、もっと軍事力を強化し、アメリカの代わりに地域の安全保障に参加しろと言っているわけです。

これはかなり昔からの流れであり、トランプ再選で加速しそうです。

永濱　日本政府も防衛力強化の方向に動いています。防衛予算の大幅増も決まりましたし、それをまかなうための防衛増税も議論されています。

ＮＴＴ法改正とともに、政府が保有するＮＴＴ株を売却して防衛費にあてる動きも進んでいます。為替介入をすると為替差益が出ますが、こうした決算剰余金や特別会計からの繰り入れなども防衛費に使うという話になっています。防衛予算は確実に増えていくでしょう。

「ウクライナ」の決着が付かない理由

永濱　現状、ロシアのウクライナ侵攻ではロシアがかなり攻勢に出ています。ウクライナは弾薬が不足しているという情報もあります。トランプ再選で一気にロシア勝利となる可能性は否定できないでしょう。

ただエミンさんもおっしゃったように、トランプ氏はそれなりにうまくやるでしょう。それでも、台湾有事を睨んだ動きと、ロシアのウクライナ侵攻の行方には要注意だと思います。

ロシアのウクライナ侵攻が終結すれば、インフレがいったん収まるかもしれません。原油や天然ガスなどの供給不足が緩和される可能性がありますから。

ただ、それは侵攻がどういうかたちで終結するかによるでしょう。ロシアが勝利すれば、西側の経済制裁は継続されるでしょう。特にロシア産原油の輸出が制限されたままなら、インフレ収束とはならない可能性もあります。

エミン そもそもウクライナという国は大国ではありません。国内に軍需産業を持っていないから、欧米の支援がなければ戦っていけません。それが滞るとウクライナが苦戦するのはわかりきっています。

もう一つ、ロシアの人口は約一・五億人。一方ウクライナは約四〇〇〇万人と、ロシアはウクライナの三倍以上あります。だから消耗戦になるとウクライナは分が悪いのです。

ではロシアが勝つかというと、現状ではそこまで言い切れない。ロシアも第二次世界大戦時とは違い、兵力が潤沢とまではいきません。人海戦術で、どんどん前線投入できるほど人口に余裕はありません。若者の数も少ないのです。

さらにもう一つ、対ロシア経済制裁がボディブローのように効いてきます。特に半導体・ハイテク部品の輸出制限によって、ロシアは徐々に飛行機もろくに飛ばせなくなっている。一方のウクライナは、そもそも戦闘機の数が足りないのですが。

アメリカは戦争が始まった途端、敵のミサイル基地を巡航ミサイルなどで叩き、それから戦闘機・爆撃機で重要拠点をつぶしてしまう。そうやって制空権を確保したのち、初めて地上兵力を投入するわけです。

でもウクライナの場合、戦闘機の数が足りないし、ロシアも同じく制空権を確保できない。結果、地上戦に持ち込むことになる。ただ、その地上戦でも、戦車で戦線を突破することもできない。ドローンによる攻撃を受けるからです。結局、狭い地域で消耗戦を戦うことになっている。

ロシアはきっと、トランプ再選でアメリカのウクライナへの支援が停止されるとか、ヨーロッパがウクライナ支援をやめる、といった状況を待っているのでしょう。あるいは、いまロシアが押さえた地域くらいで諦めて一旦停戦し、五年後、一〇年後くらいに再度侵攻する、という考えではないでしょうか。

ただ、そんなロシアの考えは西側もお見通しなので、ＥＵとしてもそう簡単には停戦できない。それが現在の状況。要するに打開策が見つからないのです。

ウクライナは「新兵器の実験場」

エミン いまはイランとロシア、中国、北朝鮮が互いに軍事技術や武器を融通しあい、グループを形成して西側と対立していますが、この構図がはっきりしてきている。

ロシアのウクライナ侵攻はある意味、爆薬庫みたいなもの。いまは膠着状態にありますが、いずれ爆発してもっと大きな戦争、それこそ第三次世界大戦などに発展する可能性があります。非常に危険なゲームが行われている。

ロシアのウクライナ侵攻は一九三六年のスペイン内戦に似ていると思っています。スペイン内戦では戦車や飛行機といった新兵器が投入されました。その後の第二次世界大戦では戦車や戦闘機が大量に使用され、勝敗を決定づけています。

ロシアのウクライナ侵攻では「ドローン」が使用されています。ロシアはイラン製のドローンを使用しているとされますが、ウクライナもトルコ製のドローンを使っています。この対談の直前に、イランのライシ大統領（当時）の乗ったヘリが墜落する事件が発生しましたが、墜落した機体を最初に発見したのはトルコのドローンでした。それくらいドローンの活用が進んでいるわけです。

戦車や戦闘機は時代遅れになりつつあるのかもしれません。戦車や戦闘機は何億、何十億円もしますが、ドローンは一機あたり数百万から数千万円で入手できます。コスト面ではドローンにかなわないのです。

横須賀に停泊していた護衛艦「いずも」を、ドローンを飛ばして撮影した映像が中国の動画共有サイトで見つかり、騒ぎになりました。日本もドローンの脅威にさらされていると認識すべきです。

原油はむしろ安くなっている

永濱　地政学リスクが高くなれば、原油をはじめとするコモディティ（商品）価格は上がりやすくなります。トランプ再選でシェールオイルが増産されれば原油価格は下がるかもしれませんが、地政学リスクが恒常的に高いため、コモディティ価格は前回のトランプ政権時ほどは下がらないでしょう。
日本は原油や食料などの自給率が低いため、コモディティ価格の上昇には弱い構造です。ただ、一九七〇年代のオイルショックでは、むしろそれを逆手にとって、さまざまなイノベーションが起き、日本経済は大きく発展しました。
エミン　中国経済が悪化しているので、原油や鉄の需要は減少傾向にあります。だからコモディティは多少の値上がりはあっても、バブルまではならないと思う。

問題は、コモディティに比べて通貨の価値が落ちていること。リーマン・ショックの時にはWTI原油先物価格が一バレルあたり一〇〇ドル程度でしたが、いまは八〇ドル前後。高値からあまり下がっていないようにも見えますが、リーマン・ショック時に比べてインフレが進んでいる割には、かなり安いとも言えます。いまの八〇ドルは、リーマン・ショック時の五〇ドルくらいの価値しかないですから。それを考えると原油価格は大きく下がっているわけです。

なぜこんなことが起きるかというと、世界各国が進めた大規模な金融緩和によるもの。各国がお金を刷りすぎた結果、現金の価値が下がり、あらゆるモノの値段が上がった。コモディティ高もその一環です。

こういう環境なので、コモディティには投機マネーも入って価格が乱高下しやすい。二〇二四年に入って、カカオ豆の価格が急激に上昇し、一時は一トンあたり一万ドル超と、二〇二三年末の二倍以上に上がりました。ほかコーヒー豆やオレンジジュースの値段も高騰しています。

永濱　アメリカも金利は高水準ですが、マネタリーベースは劇的には減っていません。いまだに緩和的な環境が続いているとも言えます。

コモディティは株や債券と比べて市場規模が小さいので、少しのお金でも価格が大きく動きます。そのせいもあって、ボラティリティが高まっていると思います。

ちなみに金もコモディティの一つですが、インフレに強いとされ、近年では日本でも金投資の人気が高まっています。

金の特徴として、世界に存在している量が限られる、という点が挙げられます。そのため、インフレなどで通貨価値が下落すると、その分、金の価格は上昇しやすくなります。そのほか、近年は中国をはじめ新興国の中央銀行が金を購入する動きが目立っています。

中国はかつて世界一の米国債保有国でした。しかし、近年は米国債を売り、代わりに金を購入しているとされます。これをもって世界でドル離れが進んでいるとする論調もありますが、いずれにせよ、構造的に金価格が上がりやすい状況であるのは間違いないでしょう。

中国には「不動産バブル崩壊」の解決策がない

永濱　中国がもっと人民元安に誘導して、輸出競争力を高めて、不動産バブル崩壊後の経済低迷を乗り切ろうとしてくる可能性もあるでしょう。ただ、これは中国にとってジレンマでもあります。

人民元を切り下げると、中国のお金持ちはますます資産を海外に移そうとするでしょう。中国国内に持っている資産は、どんどん価値が下がってしまいますから。

エミン 中国にはいまの経済低迷を切り抜ける方法はないと思います。金融緩和と人民元の切り下げで経済を刺激しても、その分、輸入物価が高くなって消費が落ちます。

永濱 ジレンマだと思いますね。結局、人民元はそこまで大きく下がってはいません。やはり、中国当局がある程度より下には下げたくないと思っているのでしょう。要するに、中国にとって過度な人民元高も人民元安もどっちも困るということです。

普通に考えれば、不動産バブルがあれだけ派手に崩壊したので、もっと大胆に金融緩和すべきところでしょう。少なくともデフレを回避するにはそれが最も効果的でしょう。でも中国がそうしていないのは、過度な資本流出を警戒しているからだと思います。

エミン あると思います。一時、一ドル＝七・二七元まで上がりましたが、その後急落し、一ドル＝七・二二元程度まで戻っています。

もう一つ、中国が批判されているのが、「過剰な生産力」の問題。バブル崩壊で中国はモノが売れなくなっている。だからＥＶの在庫なんかも積み上がっています。中国としては人民元安にしてなんとか輸出したいところですが、金利引き上げで景気が冷えている欧米にとって、中国からの輸入急増は迷惑でしかない。中国製品の輸入を減らす方向で動いてくるでしょう。中国は輸出主導で立て直すという方針も取れないのです。

第五章

「投資している人」は勝ち組

インフレでも投資している人は儲かっている

エミン　二〇二四年の春闘の結果は平均五・一パーセントの賃上げでしたが、ベースアップがあった人は、もっと賃上げされていると思います。平均値には賃上げがなかった企業も入っているので。インフレ率以上の賃上げがあった人は、これから消費を拡大してくれるでしょう。

もちろん、あまり賃金が上がっていない人もいるし、ベースアップがなかった人もいる。年金生活世帯もいる。この人たちには約三パーセントのインフレ率が重くのしかかっているはず。先に「国民が実感するインフレ率は一四～一六パーセント」だと言いましたが、その実感はやはり経済の実態を踏まえているのです。

さらに興味深い数字があります。日銀の「生活意識に関するアンケート調査」によると、一年前に比べて景気がよくなったと思っている人の割合は一〇・七パーセントです。

この一〇パーセントという数字ですが、日本で投資をしている人の割合と符合するのです。野村総合研究所が二〇二一年の時点で、「日本で投資している人は二五～六九歳の約二一・一パーセント、一四七〇万人」と推計しています。これを全年代で計算しなおせば、多少ブレはありますが、大体一〇パーセントくらいと見ていい。

あくまで推測ではありますが、「景気がよくなった」と感じている一〇パーセントの人とは、おおむね株式投資をしている人と考えていいでしょう。

そうなるのはある意味当然のことです。インフレだと貨幣の価値が下がりますが、代わりに株や不動産などリスク資産の価値が上がるので、投資している人はインフレで景気がよくなったと実感しやすいわけです。一方、投資をしていない人は、インフレで景気が悪くなったと感じやすい。

アメリカの場合、家計金融資産の約五割は株です。だからアメリカ人はインフレを日本人ほど苦にしないのかもしれない。


永濱　インフレで家計が苦しいと感じる人も多いと思いますが、日本経済のマクロ統計を見ると、インフレがプラスに働いている側面もあります。

日銀の「日銀短観」の「業況判断指数（ＤＩ）」は、景気がいいと答えた企業から、悪いと答えた企業を引いたもので、プラスなら「景気がいい」、マイナスなら「景気が悪い」ことを示します。

このＤＩですが、特に大企業の景況感は価格転嫁の効果もあってかずっとプラスを維持しています。一方で中小企業ではマイナスの業種も目立ち、乖離も見られるのですが、インフレ下でも景気がいいセクターと、そうでないセクターの差が生まれているということだと思います。

テック企業が日本に投資する理由

永濱　日本人は現預金が好きで、株式投資は嫌いだと思われてきましたが、それはバブル崩壊の後にデフレがずっと続いていたことが最大の理由だと思います。デフレの間は現金の価値は減らないどころか、むしろ増えていくことになります。だから預貯金を持っているだけでメリットがあったわけです。

でも、そんな国は日本以外にはありません。その上、日本でもついにインフレが当たり前になってきましたので、日本人のお金に対する意識も少しずつ変わっていくでしょう。最近の若い人を見ると、もうすでに変わってきていると思います。

エミン　私もそう思います。インフレ自体は悪いことじゃありません。コントロールできないインフレが悪いのです。

デフレもたしかに一部の人にとっては生活しやすくてメリットがあったのも事実だと思い

ますが、経済全体を停滞させてしまうので良くない。全体的には少しインフレになって人もお金も動くほうがいい。

前にも述べましたが、オラクルやグーグルといったアメリカのテック企業がこぞって日本にデータセンターをつくろうとしています。さらに台湾のＴＳＭＣが熊本に工場を作っている。

日本に外資が来て直接投資し、さらに人材も連れてくるというのは、日本経済にとってすごくいい流れ。海外の日本への関心もさらに高まる。

このいい流れを継続するには、ある程度のインフレを続けて経済を回していかないといけない。企業も家計も貯金ばかりしていては、社会にお金が回っていかないのです。

「一〇〇円ショップ」も値上げ？

エミン　そもそも日本人の金融資産は二一〇〇兆円もあります。莫大なお金ですが、この多くが預貯金のまま眠っているわけです。これは大いなるムダです。

お金はできるだけ動かしたほうがいい。「世界インフレ」の時代に現金を持っていても目減りするばかりです。

アメリカは表向きは金融引き締めに動いていますが、QT（量的引き締め）は減速していますし、財政はバラマキを続けている。一方、日銀は緩和継続を宣言しています。要するにFRBも日銀も、マネーをじゃぶじゃぶ供給し続けています。この状況では現金の価値は低下する一方です。

永濱　日本と海外の違いとして、日本のインフレ率はピークでも四パーセントくらいでした。でも、欧米だと九～一〇パーセントぐらいまでいきました。

なぜ日本ではインフレ率が上がらないのかというと、常にインフレの国で生活している人は、インフレが起きると、「もっと高くなる前に買おう」という心理が働きやすくなります。でも、日本ではデフレが定着してきましたので、逆に節約してしまうのです。これが「デフレマインド」です。

ほか、世界的な四〇年ぶりのインフレは、ロシアのウクライナ侵攻の開始に伴う供給不安が原因でした。つまり「コストプッシュ型のインフレ」だったわけです。ただ、インフレが続くと、欧米ではもっと高くなる前に先に買おうという「ディマンドプル型のインフレ」も起きましたので、激しいインフレになったのです。

日本以外の主要先進国の実質賃金は、現在はインフレ率が落ち着いてきたことで軒並みプラスです。つまりインフレ率を上回る賃金上昇が起きているのです。

でも、日本では実質賃金がマイナスのままです。だから、いまのところコストプッシュ型のインフレの要素が強いのです。

日本では一〇〇円ショップが人気ですが、こういうビジネスはデフレ下でこそ成り立つものです。インフレの国ではすぐ値上げが必要になりますから。

エミン　その一〇〇円ショップでも、インフレで商品の品質を下げているそうです。原価が高くなっているので。

永濱　日本の一〇〇円ショップはグローバル展開しているところもあります。ただ、日本で一〇〇円の商品でも、海外ではその二〜三倍の価格で売られているようです。国内の一〇〇円ショップもいずれ値上げされるかもしれませんね。

むしろ大企業は賃上げしていない

永濱　今後、日本でも賃金が上がり、物価も緩やかな上昇が続くかといえば、まだまだハードルが高いと思います。なぜかというと、日本の三分の一の世帯は年金生活者が中心の無職世帯であり、年金はインフレ率ほど増えない仕組みになっているため、実質的な収入が減る

2023年の企業規模別世代別一般労働者賃金上昇率

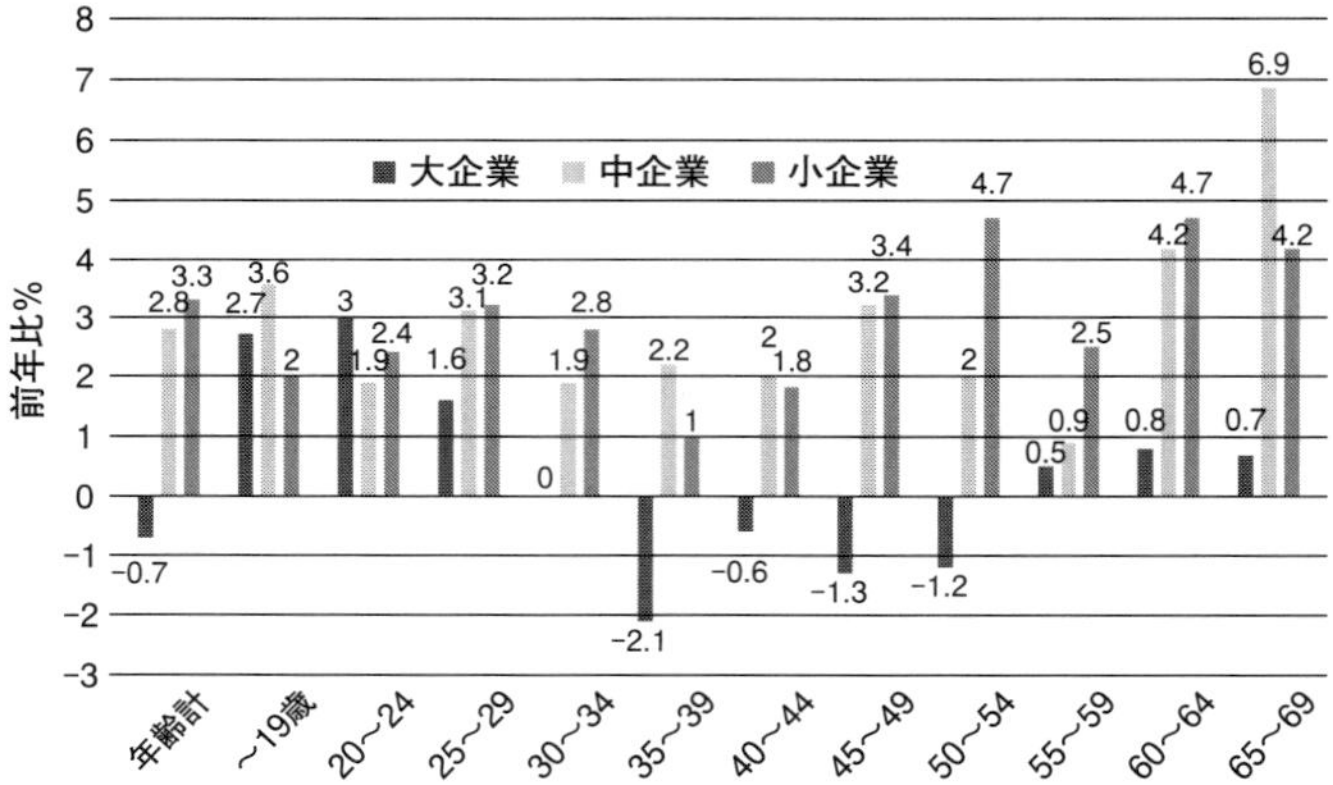

（出所）厚労省

からです。

また、残り三分の二の勤労者世帯でもまんべんなく賃金が上がるわけではありません。また、税や社会保険料のさらなる負担増が予想されますので、実質賃金がプラスに転じたくらいだと、本当に実質の可処分所得までプラスになる世帯は半分くらいいけば御の字でしょう。

つまり、総世帯の三分の一は賃上げのメリットがなく、働く人の半分程度は実質の可処分所得が上がらず、かつデフレマインドが定着しているのが現状ということ。となると、日本で賃金と物価の好循環が起きるにはまだまだ時間がかかると思います。

次に挙げるのは、労働者の賃金を世代別に見たグラフです。

よく、「大企業は賃上げしているけど、中小企業は賃上げしていない」と言われますが、グラフを見る限り事実ではありません。

グラフの一番左端が全年齢の賃金上昇率を表しています。二〇二三年の一般労働者の所定内給与は前年比で二・一パーセント上昇でしたが、企業規模別に見ると、大企業の賃金は下がっています。むしろ賃金が上がっているのは中小企業です。

背景としては、中小企業のほうが人手不足に直面しているため、積極的に賃上げして人材をつなぎとめていると考えられます。

エミン そうしないと人がいなくなりますからね。

永濱 そうなんです。

氷河期世代は賃金が上がっていない

永濱 もう一つ厳しい現実があります。グラフでは年齢別に一般労働者の所定内給与上昇率を示していますが、特に大企業の三〇代後半から五〇代前半にかけての賃金が下がっています。いわゆるロスジェネ世代、氷河期世代です。このため、おそらく日本全体の実質賃金がプラスになったくらいでは、この世代の賃金はさほど増えないと思われます。

この世代は第二次ベビーブーム世代で、人口構成におけるボリュームゾーンとなっています。多くの企業が若年層の賃上げ財源を確保するために、この世代の人件費抑制を進めているのでしょう。

私自身も氷河期世代なので、忸怩《じくじ》たる思いがあります。受験競争も厳しく、就職難にも直面した世代ですから。

エミン　本当はこの世代の人件費をカットするのは良くないのです。なぜかというと、国内の消費を引っ張る世代だからです。

まだ子育てしている世帯も多いし、子育てを終えたら今度は自分の趣味にお金を使おうという世代。その賃金が下がっているのは嫌な傾向ですね。

永濱　そうなんです。

氷河期世代は投資していない

永濱　二〇〇九年にアメリカで発表されたある論文によると、各世代のお金についての価値観は、その世代が社会に出た時代、具体的には一八歳から二五歳までの経済環境に一生左右されるそうです。ジュリアーノとスピリンベルという二人の経済学者の連名で出された論文です。

エミン その論文は私も読みました。

永濱 この説が正しいとすれば、今後どんなに景気が良くなっても、氷河期世代の財布の紐は緩まないことになります。

なお、大和証券の木野内栄治さんによると、この傾向は新ＮＩＳＡでも見て取れるそうです。

新ＮＩＳＡに一番積極的なのは、アベノミクス以降の株が上がっている局面で社会に出た二〇代から三〇代前半ぐらいの世代だそうです。あとは五〇代後半以降のいわゆるバブル世代も積極的なようです。

一方、給料が下がっている氷河期世代は新ＮＩＳＡでのシェアが下がっているそうです。世代ごとのお金の価値観は、消費だけでなく投資にも影響するようです。

「新NISAブーム」の正体

エミン 私はこの春、ＢＳのある番組で新ＮＩＳＡの特集をやるというので出演しました。

永濱 夜にやっていましたね。

エミン　そう、夜の番組です。でも、新ＮＩＳＡがスタートしたのは二〇二四年の始めの話。それからもう数ヵ月経っている。普通は話題としてそろそろ賞味期限切れになるころですが、新ＮＩＳＡについてはまだまだいろんなメディアで取り上げられています。昨今の円安を見て、株で運用しないと大変なことになる、と多くの人が疑心暗鬼に駆られている証拠でしょう。

永濱　新ＮＩＳＡでは特に米国株を中心とした「Ｓ＆Ｐ５００」や「オルカン（オールカントリー）」といったファンドが人気のようです。ただ、新ＮＩＳＡで外国株への投資が進むと、海外への資本流出が起き、円安が進む、という説もあります。

これは理屈としては正しいように聞こえますが、新ＮＩＳＡで買われているのは意外と日本株も多いようです。金融庁の資料を見せてもらったのですが、四五パーセントぐらいは日本株を買っているとありました。

人気の「Ｓ＆Ｐ５００」や「オルカン」は投資信託ですから、主に「つみたて投資枠」で買われているそうです。でも新ＮＩＳＡには個別株売買を想定した「成長投資枠」もありますので、そちらでは日本の個別株が買われているようです。

「NISA反対派」に言いたいこと

永濱 テレビやYouTube動画などで、「NISA反対派」の方と議論することもあります。その時によく言われるのが、「NISAは投資だから、元本割れのリスクがある」という意見です。

ただ、長期積み立て投資なら、投資のリスクをかなり下げることができます。

株価は値上がりすることもあれば、下がることもあります。ただ、毎月ちょっとずつ買っていくことで、高値掴みや暴落のリスクを軽減することができます。この手法を「ドルコスト平均法」と言うのですが、初心者でも極めてリスクの低い手法とされています。

実際、株価指数などに連動する「インデックスファンド」に一五年以上積み立て投資をした場合、過去の相場では損をしていない、という試算も金融庁から明らかにされています。

「S&P500」や「オルカン」といった外国株のファンドばかり買っていると、「為替リスク」で損をする、という指摘もあります。要するに、円安の時に外国株を買って利益が出ても、その後円高になると、円に戻す時に資産が目減りしてしまうということです。

その点、ドルコスト平均法なら、為替リスクも分散できます。

要するに、長期で積み立て投資している分には、元本割れのリスクをそれほど恐れる必要はないのです。むしろ、いかに早く始めるかが重要です。長くやればやるほど、資産が早く積み上がります。

それでもＮＩＳＡは怖いというなら、企業ＤＣや「ｉＤｅＣｏ」等の確定拠出年金がおすすめです。

確定拠出年金の掛け金は、所得から控除されますので節税になります。二〇二四年一二月より、公務員などの拠出金の上限が引き上げられる予定ですので、さらに使いやすくなるでしょう。

なお、確定拠出年金は満期になると運用結果に応じた額を一括もしくは分割で受け取ることになりますが、その際に退職金同様に課税されます。その点を懸念する向きもありますが、退職金にかかる税金は低く設定されています。将来、税金が上がる可能性はゼロではありませんが、それでもメリットのほうが大きいでしょう。

確定拠出年金なら「定期預金」も選択できます。普通預金はインフレが起きると目減りしてしまいますが、元本割れのリスクがない上に、節税メリットを受けられますので、リスク許容度が低い方の一つの選択肢ではあると思います。

積み立て投資は損切り不要

永濱　インフレの時代に「現預金」は最悪の資産運用です。デフレの間は物価が安くなりますので、相対的にお金の価値が高まっていくわけです。このためお金は普通預金に寝かせていれば良かったわけです。でもインフレになれば、お金の価値が確実に減っていくわけです。一方、預貯金につく金利はわずかですから、お金を口座に入れておくだけで損をしてしまいます。

日本はもうデフレには戻らないでしょう。すると、インフレが今後も続くため、お金を寝かせていると損をしてしまいます。それを避けるためには、NISAなども使って資産運用するのが効果的です。

株式投資にはリスクがあると言われますが、インデックスファンドなどに長期で積み立て投資をすれば、低リスクで資産を増やせる可能性も高まります。一方、現預金の場合、インフレだと得をする可能性は皆無となり、ほぼ確実に損をすることになります。

このため、株式投資やNISAは危険だからやるな、という意見にはあまり賛成できません。

エミン　反対派の人はきっと相場の短期的な上げ下げが気になるのでしょうね。

永濱　よくインターネット上で「投資のコツはいかに早く損切りをするか」などと書かれていますが、インデックスファンドの「ドルコスト平均法」なら損切りの必要はないでしょう。一時的に価格が下がっても、その分安く買えるわけですから、長期的には安定的に資産形成しやすくなるのです。

そもそも、価格が下がっても、売却しなければ損失は確定せず、あくまで一時的な含み損に過ぎません。特にインデックスファンドの積み立て投資などであれば、しばらく持っていれば、銘柄の入れ替えなども頻繁に実施されますから、上昇トレンドに回帰するのが普通です。

もちろん、短期投資で頻繁に個別株を売買するとか、いわゆるデイトレードの場合は、いち早く損切りが必要となる局面もあるでしょう。

NISAでは「一〇倍株」を狙え

エミン　私の印象ですが、「投資は怖い」と思っている人は減っていると思います。みんな資産運用しないとヤバい、と思っている。ただ、どうすればいいかまだ考えあぐねている人も一定数いるでしょう。

もちろん、お金を銀行に預けて利子がつき、それで老後資産を確保できるならそれが一番でしょう。ただ、日本は低金利環境が続いているので、預金には金利がほとんどつかない。

このままでは老後資金が足りなくなるので、株で運用するための制度を国が用意してくれた。それがＮＩＳＡです。そもそも大きな損失が出るようなものではありません。考えるべきことは、「では、どう使うか」だけ。

投資は誰でも利益を出せるのですが、それには勉強と若干の慣れが必要です。でもＮＩＳＡは、「投資の勉強をしなくてもある程度利益を得られる」という制度。逆に、毎日頻繁に売買するような使い方は想定していません。

それでもＮＩＳＡに不安があるという人もいるでしょう。「株は普通年間一〇パーセントぐらいは上がるので、長期的に見れば損をしないので大丈夫ですよ」と言っても、いざ株を買うと、毎日気になって値動きを見てしまうもの。値上がりしていればいいけど、値下がりすると不安になって、早めに売ったほうがいいのか、などと考えてしまう。

要するに株式投資は「メンタル」の要素が大きいのです。ある意味、自分との闘い。それも含めて慣れが必要なのです。

だから、NISAではとにかく「安定」をモットーに、積み立て投資だけやるという戦略でもいいと思います。

NISAには「成長投資枠」もあります。これを使って、将来一〇倍になるような株（テンバガー）を狙うのも面白い戦略です。非課税のメリットを最大限活用できるからです。その場合でも、成長投資枠すべてを「テンバガー狙い」にする必要はありません。ある程度安全な投資をしつつ、一部でリスクを取るのがいいでしょう。

永濱　NISAはうまく使うと大きく得をすると思います。私の父親は個人投資家ですが、メガベンチャー企業の株をかなり早い段階で買って儲けたそうです。その収益で実家が建ったとか（笑）。

それくらい投資には夢があるので、NISAを使わないのはもったいないと思います。

「S&P500」「オルカン」は安全か？

永濱　繰り返しになりますが、NISAでは米国株に投資する「S&P500」と、世界各国の株に投資する「オルカン」に人気が集まっています。

一方、外国株投資の為替リスクを懸念する声もあります。

ただ、為替に大きな変動があった局面の海外株ファンドと日本株ファンドの成績を円建てで比較すると、実はあまり差がないのです。

円高になると海外株ファンドは円建てで目減りしますが、一方で、円高時には日本株も下がってしまうのです。そこまで考えると、為替リスクを過度に気にしなくてもいいように思います。

「一つのファンドだけ買うと分散投資にならない」という意見もあります。ただ、インデックスファンドは世界の株に分散投資していますので、リスク分散できています。

そもそも投資においてリスクとリターンはトレードオフの関係にあり、リスクが高くボラティリティが大きい商品を選ぶほうが、リターンが大きくなる可能性があるのも事実です。

ボラティリティが大きい商品を買うと、一時的に大きく下がったりしてメンタル的に辛かったりもしますが、ある程度リターンがあるほうが投資は楽しいという方であれば、安全一辺倒のつみたて投資枠だけではなく、成長投資枠の一部で少しリスクを取るのもありかと思います。

暴落と円高の「ダブルパンチ」

エミン　たしかに長期の積み立て投資なら、為替リスクはあまり気にしなくていいかもしれない。ただ、株の初心者だとそこまで割り切るのは難しい気もします。

もし仮に「S&P500」「オルカン」だけを買っていた場合、米国株が暴落すると、株の値下がりに加えて、円高で資産価値が目減りします。

米国株が暴落すると、同時に大幅な円高も発生します。いわゆる「リスクオフの円買い」と呼ばれる現象です。ざっくりした計算ではありますが、仮に米国株が三割下落したとして、追加で二割程度の円高が発生したら、資産は半分程度になってしまう。

もちろん長期的にはいずれ株価は元に戻るでしょう。でも、人間の心理として、資産が半分になると精神的にショックを受けます。きっとあわてて損切りする人が続出するでしょう。

そもそも、無理に米国株で運用する必要はありません。かつては日本株のパフォーマンスが低い時代もありましたが、今後、日本株のパフォーマンスが米国株に大きく劣ることは考えにくいでしょう。むしろ日本株のほうにこそ上値余地があるとも思います。

それも踏まえて、わざわざ「S&P500」「オルカン」だけを買う必要はないと思います。

もちろんこの二つを買うなというわけではありません。たとえば日本株と米国株を半分ずつ買うようにすれば、為替リスクに強いポートフォリオになるでしょう。

これから「NISAで損をした人」が大量出現

エミン　実は二、三年後くらいに、「NISAで損をしました」という人が大量出現することを少し懸念しています。

アメリカが景気後退に入り、米国株が暴落すると、パニックになって投げ売りしてしまう人が出てくる。それで「NISAをやらなければよかった」「騙された」という話になってしまうかもしれない。

永濱　リーマン・ショックの後にそんな話がたくさんありましたね。

エミン　そうそうそう。

永濱　ああいう大暴落は過去を振り返っても一〇年に一回くらいは来ています。ただ、その後は必ず株価は上昇トレンドに復帰しています。

エミン　そうなんですよ。だから慌てて損切りせず、ずっと持っておけばいいのですが、でも投資初心者だとそこまで理解できないのです。

永濱　成長投資枠の年間投資枠は決まっていますよね。

エミン　二四〇万ですね。

永濱　ええ。その枠をすべて使い切るというより、いざという時のために余裕を持っておくのも大事かもしれません。というのも、終わってみると暴落時が一番の買い場だったということになりますから。

エミン　そうなんです。

永濱　成長投資枠には余力を残し、暴落したら底値に近いところで買う、という戦略も良さそうです。もちろん底値で拾うのもなかなか難しいのですが。

相場は過剰に反応することがよくあります。このため、一度下がっても、下げすぎた部分は元に戻る可能性があるわけです。それを念頭に置いておけば、いざという時にパニックにならずにすむでしょう。

投資初心者の中には、細かく売買しがちになる方もいらっしゃるかもしれませんが、一度買ったら売らずに配当や株主優待に期待するというのもドルコスト平均法と並ぶもう一つの投資スタイルでしょう。なお、ドルコスト平均法の積み立て投資は最低一五年以上は保有し続けるというイメージで臨むと良いでしょう。

ただ、日経平均株価やNYダウといった代表的な株価指数はどうしても価格が目に入ってきやすくなります。このため、値動きを見てしまうとつい売買したくなる方もいらっしゃるかもしれません。その点、全世界の株に投資しているようなインデックスファンドでしたら、いまいくらになっているか目に入りにくくなりますから、ずっと保有しやすいというメリットもあるかもしれません。

大注目の「四つのメガテーマ」

エミン　私はもともと日本株には非常に強気です。それは私が日本で長く暮らしているからではなく、日本株はもっと上がると思うから買うべきだと言っているのです。

もし日本の投資家が日本株を買わなければ、外国人が残らず買ってしまうでしょう。そうなると日本人は外国人から高値で買い戻すことになる（笑）。

永濱　たしかに日本株はバリエーション的に見て米国株などよりも割安感があります。

エミン　ええ。このまま上昇していけば、二〇五〇年には日経平均は三〇万円になっているでしょう。

中でも特に注目している分野が四つあります。一つ目は「ヘルスケア」。次が「通信・半導体」。三つ目が「防衛関連」。四つ目は「環境・クリーンエネルギー」。

この四つのセクターは、長期的なメガテーマです。二〇年、三〇年ぐらいのスパンで株価が大きく動くと思う。

永濱　私が注目している分野もかなり近いです。今後のテーマというと、「米中対立」とか「サプライチェーン再編」とか「地政学リスク」になってきますので、防衛関連や半導体、あと輸送や燃料供給などにも注目です。

エミン　半導体とＡＩについては、おっしゃる通り米中対立でサプライチェーンが日本に戻ってくるので、関連銘柄にはプラス材料です。また、ＡＩの普及に伴い、データセンターや通信インフラへの投資も必要。非常に重要なテーマですよね。

ヘルスケアも注目です。世界的に人間の寿命はどんどん延びていて、いずれ平均寿命が一〇〇歳を超える日がくる。そうなると、人生後半のＱＯＬ（クオリティ・オブ・ライフ）をいかに高めるかにみんな関心を持つと思います。予防医学という概念にもさらに注目が集まるでしょう。

コロナ禍は落ち着きましたが、パンデミックは今後も起きる可能性があります。歴史を見ると新型コロナ規模のパンデミックは多くないものの、五年に一度のペースでなんらかの感染症がでます。その意味でもヘルスケア関連銘柄は要注目です。

医療はデジタル化が遅れている分野。今後デジタル化が進むにつれて、さらに成長が期待できそうです。

「国策」関連銘柄は買い

エミン　環境・クリーンエネルギーも大注目です。いろいろな考え方があるとは思いますが、今後も脱炭素で地球環境を守るという動きは変わらないでしょう。

また、防衛関連も注目です。米中新冷戦は安全保障の必要性を大きく高めています。防衛関連というと、ミサイルや軍艦をつくる会社をイメージしがちですが、サイバーセキュリティや、食の安全保障、水の供給も防衛には重要です。広い意味で「日本の自給自足力の強化」が、これから大きなテーマになると思います。

永濱　経産省の産業構造審議会に「経済産業政策新機軸」という部会があります。そこが「ミッション志向の産業政策」として、これから重点的に取り組むべき分野を八つ挙げています。「炭素中立型社会の実現」「デジタル社会の実現」「経済安全保障の実現」、四つ目がエミンさんもおっしゃっている「新しい健康社会の実現」、五つ目が「災害に対するレジリエンス社会の実現」、六つ目が「バイオものづくり革命の実現」、七つ目が「成長志向型の資源自律経済の確立」、最後八つ目が「少子化対策としての地域の包摂的成長」となっています。

エミン　やっぱり国策と絡む分野は投資テーマとして大注目です。あとは大局的に見て、世界がこれから動いていく方向がメガテーマとなります。その分野に投資していれば、大きく間違うことはないでしょう。

日本経済はインバウンドに助けられている

エミン　コロナ禍で中小企業の経営は傷ついています。インバウンド消費の拡大でかなり助けられていますが。

永濱　本当にそうです。インバウンドがなかったらもっと厳しかったでしょう。

エミン　でもインバウンドにばかり頼ってはいられません。いつまで続くかわかりませんからね。やはり日本人の消費をテコ入れしなければ。

永濱　細かい話ですが、ＧＤＰの中身をくわしく調べると、個人消費がやや過大評価されているフシもあると疑っています。公表されているGDPでも日本の個人消費は十分弱いのですが、実態はもっと弱いかもしれないのです。供給側の統計から推計される個人消費が、本来ならサービスの輸出にカウントされるインバウンド消費によってかなりかさ上げされている可能性があるからです。

エミンさんがおっしゃったように、円安によって国内に生産拠点が戻ってくることも考えられます。そこで新たな雇用や、ビジネスの機会が生まれれば、長い目で見れば経済にはプラスです。自国通貨安は国際競争力を高めます。

新興国が発展してきた原動力は、まさに自国通貨安でした。安い人件費を売りに海外企業を誘致し、産業を発展させてきたわけです。

ただ、これまでの経験則では、通貨安が効いてくるには三年くらいのタイムラグがあります。それまでは円安で輸入品の価格が上がり、家計の負担が増えることになります。その間は円安のデメリットが強く意識され、円安は大変だという話になりがちです。

アメリカの利上げが始まったのは二〇二二年三月です。円安が競争力を高めるまで、もう一、二年かかると見たほうがいいでしょう。

「ディズニー入場料一万円超え」に消費者は耐えられない

エミン　本来、インバウンドに特化した銘柄というものはありません。恩恵を受けるのは、鉄道会社や航空会社、旅行会社、ホテル、飲食店などですが、これらはもともとインバウンドだけやっているわけではありません。日本人のお客さんがいるから、彼らの商売が成り立っているのです。

豊洲市場で外国人観光客向けに一万円の海鮮丼が売られ、「インバウン丼」と話題になりましたが、インバウンドが盛り上がりすぎると、日本人向けサービスの質が低下するかもしれません。

いまインフレの影響で日本の個人消費がかなり弱くなっています。東京ディズニーランド・ディズニーシーでも二〇二三年一〇月から入場料を値上げし、「1デーパスポート」の料金は最高一万九〇〇〇円まで高くなりました。

値上げするとどうしてもお客さんが減る危険性があります。これは知り合いから聞いた話ですが、二〇二四年のゴールデンウィークは東京ディズニーランドがそれほど混雑していなかったそうです。ディズニーに行きたくても、一万円は出せないという人が多いのかもしれません。

四人家族だと飲食代も含めると五万円はかかるわけです。地方から行くとなると宿泊費もさらに必要で、海外旅行に行けるくらいのお金を使っての「ディズニーランド旅行」になってしまうわけです。

このように、インバウンドが盛り上がっていても、国内消費が弱ければ、インバウンド銘柄にも下押し圧力がかかってしまう。

利上げで上がる銘柄、下がる銘柄

永濱 日銀が利上げすると、銀行や生保などの金融業界にはプラスだと言われています。日本はずっと低金利でイールドカーブがフラット化していましたので、「お金を貸して利ざやを稼ぐ」ビジネスが困難でした。でも、金利が上がり、イールドカーブのフラット化が是正されれば、金融業は収益を増やしやすくなるというわけです。

またトランプ再選は金融業にとってプラスに働く可能性があると思います。というのも、トランプ氏は金融の規制緩和に非常に積極的で、前回のトランプ政権時にも、銀行が自らのお金でトレードすることを禁じたドッド・フランク法、いわゆる「ボルカールール」を一部改正しています。トランプ氏が規制を緩和すれば、金融機関は利益を上げやすくなる観測が強まるでしょう。日本の金融業の中にはアメリカの金融機関を傘下に持つところもありますので、アメリカの金融規制が緩和されれば、日本の金融業にも恩恵があると思います。

エミン　ちなみに金利の影響を受けやすいセクターとして「不動産」があります。日銀が政策金利を上げると、住宅ローン金利も上昇するため、不動産の売り上げに悪影響を及ぼすからです。それを見越して不動産株を手放す動きが活発化するかもしれません。

そもそも、不動産は専門的な知識が必要な業界で、素人には判断が難しいもの。とはいえ、日本の不動産価格はもっと上がるとは思います。インフレが真っ先に影響するのが不動産価格ですから。

ただ一方で、東京都内の新築マンション価格を見ると、もうすでに少々バブル気味ではあると思います。平均価格が一億円を超えてくると、平均的な日本人はちょっと手が出ません。

日本人の大半は現金で家を買わず住宅ローンを借りますが、普通、住宅ローンとして貸してくれる限度は年収の七倍くらい。すなわち一億円のマンションを買うには、最低でも年収一五〇〇万円くらいは必要になります。

年収一五〇〇万円の人はかなり少数派です。国税庁によると、年収一〇〇〇万円以上は全体の五・四パーセント、二五〇〇万円以上は〇・三パーセントとされています。

そもそも、そんな高所得者はとっくに家を持っています。さらに新築マンションを買う理由はないと思います。

それを考えると、いまの東京都内のマンション価格高騰は、実需だけでは説明できないように思います。すでに投機的な水準にあると見ていいでしょう。

「不動産バブル」がいずれはじけるのかどうかはわかりませんが、少なくとも安くはないので、買い時ではないと思います。

永濱 特にバブル感が強いのは東京都区部であり、大阪や名古屋の不動産だと東京ほどではないようです。一方、地方の戸建てなどは需給が緩和しているようですので、厳しいところもあると聞きます。地方に行くほど平均的な所得水準が低いということもあるでしょう。

あと指摘しておきたいのが、金利の影響についてです。金利が上がると住宅ローン金利も上がりますので、その分賃料を上げないと、大家さんにとっては収入が減ってしまいます。

このため、大家さんが支払っているローン金利が利上げで上昇すれば、賃料の押し上げ要因になりうるわけです。このため、一概に「金利上昇は不動産にマイナス」と言い切れないところもあると思います。

ただ、エミンさんがおっしゃる通り、東京都区部については、中国をはじめとする外国人の購入の影響も大きいようですので、このまま価格が上昇し続けるかどうかは微妙なところだと思います。

とはいえ、今後は「富裕層が物件をたくさん保有」し、「庶民は賃貸に住む」という社会がより進むことになるかもしれませんね。これから賃貸物件の賃料も上がるでしょうから、より安い物件を求めて地方に移住する流れも起きるかもしれません。

エミン　それがいいことかはわかりませんが、おそらくそうなるでしょうね。

米中対立で恩恵を受ける「半導体銘柄」

永濱　米中対立の激化によって製造業の国内回帰が進んでいる側面もあるわけですが、最も影響を受けそうなのが半導体産業でしょう。

前にも述べましたが、台湾のＴＳＭＣが熊本に工場をつくり話題になったほか、経産省が中心となって設立されたラピダスは北海道に先端半導体の工場をつくっています。

ちなみに、私の地元は群馬県の太田市の近くなのですが、某自動車メーカーが六〇年ぶりにEV向け工場を建てると盛り上がっています。二〇二七年に稼働開始するそうで、そうした影響もあってか、二〇二三年の実質賃金を都道府県別に見ると、群馬県は大分県とともにきわだって高いプラス幅になっています。

エミン　なぜTSMCが熊本に半導体工場をつくったのか、一言で言えば「地政学的要因」です。

ハイテク製品の半導体は「二一世紀の原油」と言われていますが、半導体の素材、製造装置、前工程、後工程、すべてそろうのは実は四ヵ国しかありません。中国、台湾、韓国、そして日本です。ただこの四ヵ国のうち、日本以外の国には地政学リスクがある。

中国はそもそもアメリカと敵対しているからアウト。台湾には中国から侵攻されるリスクがある。韓国は北朝鮮リスクを抱えている。となると、東アジアに何かが起きた時には半導体の製造が止まる可能性がある。これはアメリカにとってものすごくリスキーな状況です。それで日本にもう一回半導体をつくらせようということになった。

そもそも、一九八〇年代まで世界の半導体の五割は日本でつくっていました。他の三ヵ国で半導体を作るようになったのは、要は日本から半導体産業が出て行ったから。もともと日本にあった産業を元に戻すだけなのです。

永濱さんの話にあったように、円安が国際競争力を高めているのに加え、地政学的な追い風も吹いています。まだまだ他にも半導体の製造拠点がやってくるかもしれない。

私は熊本のＴＳＭＣの工場にも行きました。ＴＳＭＣは最初、熊本の工場では二〇ナノメートルの半導体しかつくらないと言っていました。いま最新・最高性能のロジック半導体が三ナノですから、二〇ナノはかなり古いタイプの半導体です。

ただ、その時点で予想していたのですが、ＴＳＭＣは結局、熊本で三ナノ半導体をつくると報じられています。おそらく当初から計画されていたのでしょう。最初からすべて公表すると、「最新技術を日本に逃がして対中包囲網に加担している」と、中国から怒られてしまいますから、あえて最新の半導体はつくらないと発表したのでしょう。

「経済安全保障」で日本経済は復活する

エミン　そもそも半導体の技術は、基礎理論も技術も八割がたアメリカがつくったものです。

ＴＳＭＣが使っているのも基本的にはアメリカの技術です。ＴＳＭＣ創業者のモリス・チャンは、もともとアメリカの半導体企業のテキサス・インスツルメンツのエンジニアでした。要は、彼が「台湾で半導体をつくれば安い」とテキサス・インスツルメンツを説得して

世界各国で進む大胆な産業政策の活発化

アメリカ

【課題】
- **格差拡大・中間層の疲弊**
- **中国への対抗**
- インフレ

【対応】
- 「**労働者中心の通商政策**」
- 経済安全保障等を大義名分とする産業政策〈2022年8月〉
（CHIPS法：527億ドル（約7.1兆円）の資金提供。半導体関連投資への税額控除等に**10年間の他国立地制限**）

（インフレ削減法：4330億ドル（約58.5兆円）。EV税額控除に**北米組立要件**、水素製造装置税額控除に**CO_2排出基準・実勢賃金要件等**）
- 労働組合の奨励　等
- 「**バイデノミクス**」スピーチ〈2023年6月〉

EU

【課題】
- **気候変動緩和の主導**
- 製造業中国依存
- デジタル米中依存
- **域内の良質雇用確保**
- インフレ

【対応】
- EU復興パッケージ（次世代EUを含む）
（**グリーンやデジタルへの移行等に約1.8兆ユーロ（250兆円**(2018年基準)**）**）
- 戦略的自律・サプライチェーン欧州回帰
（電池や半導体等の重要物資の**特定国への依存を低減**させるために、サプライチェーン強靭化のための法案を整備）
- グリーン・ディーゼル産業計画〈2023年2月〉
（クリーン産業セクターのスケールアップ支援のための環境整備（例：国家補助ルール緩和）等）
- 仏・産業グリーン化法〈2023年5月〉、独・成長機会法〈2023年7月〉

（出所）経産省
(注) 1ドル=135円、1ユーロ(2018年基準)=139円で換算。

つくったのがTSMCです。

TSMCの技術のすべてが台湾で開発したものなら、さすがのアメリカもそう簡単に「日本に疎開しなさい」とは言えない。でもTSMCの技術はもともとアメリカの技術。だからアメリカの思惑が優先されるのです。

日本はこの流れに乗るべきでしょう。日本にはもともと半導体の技術があるので、この分野は非常に有望だと思います。

永濱　私も同感です。中国の台頭で、経済安全保障の重要性が高まっています。
上の表はアメリカ、ヨーロッパの産業・経済政策の動向を経産省がまとめたものです。

欧米はすでに経済安全保障重視の方向に動いています。これまで欧米では「政府はできるだけ関与せず、民間に任せて自由に競争させる」という、いわゆる新自由主義的な産業政策が主流でしたが、全体主義的な体制の中国に、最新技術の分野で追い抜かれたりしています。その結果、中国がライバルとして台頭してきたことから、欧米もお尻に火が付いたのか、経済安全保障を重視する方向に舵を切りました。日本も当然この方向に進んでいます。

この動きは日本にとってチャンスです。経済安全保障の名目で、生産拠点をどれくらい国内に持ってこられるかが今後の成長のカギを握るでしょう。

二〇二四年の国会で産業競争力強化法の改正案が可決・成立しました。この法律では、EVや半導体などを重要な商品に位置付け、その製造に対してさらなる支援を行うことなどが盛り込まれています。こういう動きは日本経済にとって非常に重要だと思います。

エミンさんのおっしゃる通り、半導体の根本部分はアメリカが握っています。TSMC以外にも、AI企業のエヌビディアの創業者のジェンスン・フアンは台湾生まれで、TSMCとの関連も深くなっています。しかもエヌビディアの半導体をつくっているのはTSMCです。このため、台湾メーカーの存在感が高まっているように見えますが、設計・開発は基本的にアメリカでやっているのです。

日本でも半導体の設計・開発をやればいいのですが、仮にそこまではできなくても、前工程・後工程の拠点を持てれば、日本経済に非常にいい影響があるでしょう。

幸い、日本は半導体製造装置や部材・素材では世界的にまだまだ高いシェアを持っています。

一方で、半導体生産拠点をアメリカに持っていくという動きが強まっていることも確かです。トランプ氏が大統領になれば、そうした動きがさらに強まる可能性がありますから、そうならないようにできるだけ多くの拠点を日本に呼び込むことが重要でしょう。

日本経済はこれからどうなるのか

永濱 以上のように、世界経済の潮目が変化する中で、日本では世界最高水準に到達した労働参加と、生産年齢人口の減少による構造的な人手不足の圧力などによって、持続的な賃上げを行わないと人材確保が困難な状況が生じています。
そして、高い付加価値の創出と、高い生産性や賃金部門に経済資源が円滑に移動するような支援の必要性が高まっており、こうした「潮目の変化」を持続的な成長につなげる政策対応が求められます。

こうした認識のもと、日本企業も非連続なイノベーションを積極的に活用した付加価値の高い事業の創出や事業構造の転換、新陳代謝を通じた賃上げ原資の確保が必要となっており、そのためには変化を推進する企業経営の変革や個人のリスキリングなどへの取り組みも不可欠でしょう。

国民の間には、「失われた三〇年」の間に将来への悲観的な見方が蔓延し、染みついています。そうした前向きな取り組みがなければ、悲観は軽減せず、安いものを買おう、投資を控えようという縮小均衡のサイクルからの脱却も絵に描いた餅になりかねません。

日本の人口減少は今後も続きます。しかし、世界経済の不透明感が高まる中で、構造的な円安や相対的に低い人件費によって、国内投資の立地競争力が向上していることなどを踏まえれば、日本経済が復活する見込みは大いにあると見ていいでしょう。

現在起きつつある「潮目の変化」が、持続的な成長につながるかどうかは、今後のマクロ経済政策運営にかかっていると思います。

エミン　二〇二四年の夏に世界の政治が大きく動きました。メキシコの大統領選挙、インドの総選挙に続いて、ヨーロッパ議会選挙とフランスの選挙が予想外の結果となったほか、イギリスでは政権交代が起きました。

一方、アメリカではトランプ前大統領が暗殺未遂にあい、バイデン大統領が大統領選から撤退することになって、選挙戦の行方はますますわからなくなりました。

日本でも政治への不満が高まっています。都知事選が注目を集めましたが、ほかの主要国と比較すると日本の政治は安定感が目立ちます。

インフレの到来はもちろん日本にも変化をもたらすでしょうが、世界が大荒れの時代に向から中、日本の「三安」、つまり「安心・安全・安定」が一段と評価され、これが日本株の再評価につながると思います。

良くも悪くも世界は激動の時代に突入しました。チャンスもリスクもたくさん潜んでいますが、日本には、リスクを避けチャンスをものにできる人的資源が豊富にあります。それを知っているから私は心配していません。日本の未来は明るいのです。

あとがき

永濱《ながはま》 利廣《としひろ》

今回、エミン・ユルマズさんとの対談という貴重な機会をいただき、大変感謝しております。

対談を終えた率直な感想としては、当初想定していたほど、エミンさんとの間で、考え方の相違はなかったという印象です。

というのも、もしかすると刊行意図は『日本病』（講談社現代新書）の著者である「悲観派」の私と、「日経平均三〇万円」を予想する「楽観派」のエミンさんの壮絶なバトルを期待していたのかもしれないと思うからです。ただ、本書をお読みいただいた読者のみなさまには、そうした表面的なスタンスの違いは、じつは誤解に過ぎなかったことがご理解いただけるのではないかと思います。

エミンさんとはテレビ番組などで何度もご一緒しており、気心の知れた関係だと自負しております。実際にお会いすると良くわかるのですが、エミンさんは物腰が柔らかく、そんな中にも鋭い洞察力を兼ね備えていますので、ＹｏｕＴｕｂｅなどで人気があるのも納得です。

そんなエミンさんとの対談は非常に楽しく、有意義なものになりました。経済情勢は日々刻々と変わりますので、またこうした機会をいただけることを期待しています。

最後に、本書のテーマを踏まえて、これからの日本経済や政府の政策運営に期待したいことを述べてみたいと思います。

二〇二四年に三三年ぶりの高水準となった春闘での賃上げや、二〇二三年に三二年ぶりの高水準となった国内設備投資額など、日本経済に潮目の変化が起きている中で、賃上げと経済活性化を伴う良いインフレを定着させるためには、国内の供給力を強化し、日本経済を成長軌道に乗せていくことが不可欠でしょう。

そのための最も手っ取り早い取り組みとしては、行きすぎた労働時間規制の緩和が効果的ではないかと思っています。過剰なサービス残業を抑制することも重要ですが、それによってもっと働きたい人の労働時間を抑制してしまっては本末転倒だと思います。

また、世界中で誘致合戦となっているデータセンターや半導体製造拠点などの戦略分野への投資拡大に加え、国内の立地競争力の向上につながる税制優遇や、原発も含めた電力の安定供給力の向上などに向けた取り組みも重要でしょう。

さらには、それら国内供給力の向上を担う人材育成も重要になってきます。

これから生成ＡＩ全盛の時代がやってくると、ホワイトカラー人材の需要が伸び悩む一方、「手に職」系人材の需要が増えることが予想されます。

こうした変化に対応すべく、ドイツのマイスター制度なども参考にしながら、若いうちから「手に職」系人材の育成を進め、そうした人材が稼ぎやすい経済構造を構築することが不可欠でしょう。

一方、二〇二四年春闘での賃上げ率が三三年ぶりの高水準となったことで、早ければ今秋にも実質賃金がプラスに転じることが期待されており、二〇二四年六月給与分から開始された定額減税とも相まって、個人消費の拡大を期待する向きもあります。

しかし、実質家計支出の実質雇用者報酬に対する弾力性は、ピークの二〇一五年に比べて五割強まで低下しており、マクロで見た実質賃金となる実質雇用者報酬が増加に転じたとしても、「物価→賃金→消費」の好循環が起こりにくくなっています。

理由としては、日本は先進国でも断トツで国民負担率が上昇しており、雇用者報酬の増加ほどには可処分所得が増えない、という状況があります。

また、無職世帯比率の増加も一因であり、むしろ全世帯の三分の一以上を占める無職世帯にとってみれば、賃金と物価の好循環が進めば進むほど、公的年金のマクロ経済スライドによって、相対的に受給額が減ることになります。

さらに、二〇二二年の防衛増税報道から足元にかけて、さまざまな負担増の報道が相次いでいることも消費マインドを萎縮させています。

なお、若いころの不況経験がその後の価値観に影響を与えることがアメリカのデータから明らかにされており、仮にこれが日本にも当てはまるとすれば、少なくとも「失われた三〇年」の間に社会に出た五〇代前半までの世代の財布の紐は、そう簡単には緩まないことになります。

日本では、世界でも例を見ない「失われた三〇年」の影響により家計にデフレマインドが定着してしまっています。実質賃金が安定的にプラスになった程度では、個人消費の回復もおぼつかない可能性が高いでしょう。

家計においてデフレマインドが完全に払拭されていない現状を考えると、個人消費を盛り上げるためには、支出をした家計が得をするような思い切った支援策を打ち出すことも必要になるでしょう。

「景気は気から」とも言います。日本が長期デフレに陥った諸悪の根源は、日本人の努力不足というより、バブル崩壊後の政府の経済政策の失敗が大きいでしょう。それによって歪められ固められてしまった価値観を、さまざまな側面から解凍していくことができれば、日本が復活できるチャンスは大いにあると期待しています。

二〇二四年九月

編集協力　名古屋剛

エミン・ユルマズ

エコノミスト・グローバルストラテジスト。レディーバードキャピタル代表。トルコ、イスタンブール出身。1996年に国際生物学オリンピック優勝。1997年に日本に留学し東京大学理科一類合格、工学部卒業。同大学院にて生命工学修士取得。2006年野村證券に入社し、M&Aアドバイザリー業務に携わった。2024年レディーバードキャピタルを設立。現在各種メディアに出演しているほか、全国のセミナーに登壇。文筆活動、SNSでの情報発信を積極的に行っている。

永濱利廣

第一生命経済研究所経済調査部首席エコノミスト。早稲田大学理工学部工業経営学科卒業、東京大学大学院経済学研究科修士課程修了。1995年第一生命保険入社。98年より日本経済研究センター出向。2000年より第一生命経済研究所経済調査部、16年4月より現職。国際公認投資アナリスト(CIIA)、日本証券アナリスト協会検定会員(CMA)。景気循環学会常務理事、衆議院調査局内閣調査室客員調査員、跡見学園女子大学非常勤講師などを務める。景気循環学会中原奨励賞受賞。

講談社+α新書《プラスアルファ》 880-1 C

「エブリシング・バブル」リスクの深《しん》層《そう》

日本経済復活のシナリオ

2024年9月18日第1刷発行

発行者——— 篠木和久

発行所——— 株式会社 講談社

東京都文京区音羽2-12-21 〒112-8001

電話 編集(03)5395-3522

販売(03)5395-4415

業務(03)5395-3615

デザイン——— 鈴木成一デザイン室

写真——— 浜村達也

カバー印刷——— 共同印刷株式会社

印刷——— 株式会社新藤慶昌堂

製本——— 牧製本印刷株式会社

KODANSHA

ISBN978-4-06-537275-3

講談社+α新書

古き佳きエジンバラから新しい日本が見える　ハーディ智砂子　遥か遠いスコットランドから本当の日本が見える。ファンドマネジャーとして日本企業の強さも実感　946円 808-1 C

戦国武将に学ぶ「必勝マネー術」　橋場日月　生死を賭した戦国武将たちの人間くさくて、ユニークで残酷なカネの稼ぎ方、使い方!　968円 809-1 C

さらば銀行 「第3の金融」が変えるお金の未来　杉山智行　僕たちの小さな「お金」が世界中のソーシャルな課題を解決し、資産運用にもなる凄い方法!　946円 810-1 C

IoT最強国家ニッポン 日本企業が4つの主要技術を支配する時代　南川明　レガシー半導体・電子素材・モーター・電子部品……IoTの主要技術が全て揃うのは日本だけ!!　968円 811-1 C

がん消滅　中村祐輔　最先端のゲノム医療、免疫療法、AI活用で、がんの恐怖がこの世からなくなる日が来る!　990円 812-1 B

定年破産絶対回避マニュアル　加谷珪一　人生100年時代を楽しむには? ちょっとのお金と、制度を正しく知れば、不安がなくなる!　946円 813-1 C

危ない日本史　本郷和人　NHK「偉人たちの健康診断」取材班　明智光秀はなぜ信長を討ったのか。石田三成の遺骨から復元された顔は。龍馬暗殺の黒幕は　946円 814-1 C

日本への警告 米中ロ朝鮮半島の激変から人とお金が向かう先を見抜く　ジム・ロジャーズ　日本衰退の危機。私たちは世界をどう見る? 新時代の知恵と教養が身につく大投資家の新刊　990円 815-1 C

起業するより会社は買いなさい サラリーマン・中小企業のためのミニM&Aのススメ　高橋聡　定年間近な人、副業を検討中の人に「会社を買う」という選択肢を提案。小規模M&Aの魅力　924円 816-1 C

「平成日本サッカー」秘史 熱狂と歓喜はこうして生まれた　小倉純二　Jリーグ発足、W杯日韓共催——その舞台裏にもまた「負けられない戦い」に挑んだ男達がいた　1012円 817-1 C

メンタルが強い人がやめた13の習慣　エイミー・モーリン　長澤あかね 訳　一番悪い習慣が、あなたの価値を決めている! 最強の自分になるための新しい心の鍛え方　990円 818-1 A

表示価格はすべて税込価格(税10%)です。価格は変更することがあります

講談社+α新書

書名	著者	内容	価格	番号
認知症の私から見える社会	丹野智文	認知症になっても「何もできなくなる」わけではない！　当事者達の本音から見えるリアル	935円	845-1 C
岸田ビジョン　分断から協調へ	岸田文雄	全てはここから始まった！　第百代総理がその政策と半生をまとめた初の著書。全国民必読	946円	846-1 C
「定年」からでも間に合う老後の資産運用	風呂内亜矢	自分流「ライフプランニングシート」でそこそこ働きそこそこ楽しむ幸せな老後を手に入れる	946円	847-1 C
超入門　デジタルセキュリティ	中谷昇	6G、そして米中デジタル戦争下の経済安全保障において私たちが知るべきリスクとは？	990円	848-1 C
60歳からのマンション学	日下部理絵	マンションは安心できる「終の棲家」になるのか？「負動産」で泣かないための知恵満載	990円	849-1 C
2050　日本再生への25のTODOリスト	小黒一正	人口減少、貧困化、低成長の現実を打破するために国家がやるべきたったこれだけの改革！	1100円	850-1 C
民族と文明で読み解く大アジア史	宇山卓栄	国際情勢を深層から動かしてきた「民族」と「文明」、その歴史からどんな未来が予測可能か？	1320円	851-1 C
世界の賢人12人が見た　ウクライナの未来　プーチンの運命	クーリエ・ジャポン　編	ハラリ、ピケティ、ソロスなど賢人12人が、戦争の行方とその後の世界を多角的に分析する	990円	852-1 C
「正しい戦争」は本当にあるのか	藤原帰一	核兵器の使用までちらつかせる独裁者に世界はどう対処するのか。当代随一の知性が読み解く	990円	853-1 C
絶対悲観主義	楠木建	巷に溢れる、成功の呪縛から自由になる。フツーの人のための、厳しいようで緩い仕事の哲学	990円	854-1 C
人間ってなんだ	鴻上尚史	「人とつきあうのが仕事」の演出家が、現場で格闘しながらずっと考えてきた「人間」のあれこれ	968円	855-1 C

表示価格はすべて税込価格（税10％）です。価格は変更することがあります